新时代

刘阅　赵佳明　编著

高校选调生工作研究

GAO XIAO XUAN DIAO SHENG GONG ZUO YAN JIU

中国发展出版社
CHINA DEVELOPMENT PRESS

图书在版编目（CIP）数据

新时代高校选调生工作研究 / 刘阅，赵佳明编著 . -- 北京：中国发展出版社，2021.9

ISBN 978-7-5177-1168-1

Ⅰ.①新… Ⅱ.①刘…②赵… Ⅲ.①公务员—研究—中国 Ⅳ.① D630.3

中国版本图书馆 CIP 数据核字（2021）第 018367 号

书　　　名：	新时代高校选调生工作研究
著作责任者：	刘　阅　赵佳明
出 版 发 行：	中国发展出版社
联 系 地 址：	北京经济技术开发区荣华中路 22 号亦城财富中心 1 号楼 8 层（100176）
标 准 书 号：	ISBN 978-7-5177-1168-1
经　销　者：	各地新华书店
印　刷　者：	北京市密东印刷有限公司
开　　　本：	710mm×1000mm　1/16
印　　　张：	9.75
字　　　数：	150 千字
版　　　次：	2021 年 9 月第 1 版
印　　　次：	2021 年 9 月第 1 次印刷
定　　　价：	49.00 元

联 系 电 话：（010）68990630　68990692
购 书 热 线：（010）68990682　68990686
网 络 订 购：http://zgfzcbs.tmall.com
网 购 电 话：（010）88333349　68990639
本 社 网 址：http://www.develpress.com
电 子 邮 件：370118561@qq.com

版权所有·翻印必究

本社图书若有缺页、倒页，请向发行部调换

序　言

　　年轻干部的选拔培养历来是党和国家具有战略意义的重要工程，建立来自基层一线党政领导干部培养选拔链，是优化干部来源结构、提高干部队伍综合素质、密切党群干群关系的重要举措。选调生作为党政领导干部后备人选和县级以上党政机关高素质的工作人员，为基层干部队伍建设注入了新的活力。2012年《人民日报》曾发表题为《为优秀年轻干部成长打开宽广之路》的文章，该文指出：培养造就大批优秀年轻干部，是党和人民事业继往开来、薪火相传的根本大计，要为优秀年轻干部成长打开宽广之路。党的十八大报告着重强调：深化干部人事制度改革，建设高素质执政骨干队伍，加大培养选拔优秀年轻干部力度，鼓励年轻干部到基层和艰苦地区锻炼成长。党的十八届三中全会对进一步深化干部人事制度改革作出了新部署，明确提出了要完善基层公务员录用制度，在艰苦边远地区适当降低进入门槛，健全人才向基层流动、向艰苦地区和岗位流动。

　　事业兴衰，唯在用人；用人之要，重在导向。用人导向是标杆、是旗帜。用什么样的标准选人，选什么样的人，关乎民心向背、影响社会风气、关系事业成败。选拔优秀青年干部，着力培养无产阶级革命事业的接班人，形成科学合理的干部队伍结构，是中国共产党长期执政必须持续关注、思考和不容忽视的重要问题。据不完全统计，截至2019年4月，全国共有28个省级政府面向重点大学招录定向选调生。从省级层面来看，有以江苏省名校优生定岗特选计划、吉林省定向招录高层次选调生计划等为代表的招录政策。而其中，又如四川省甚至将定向选调生政策视为省级层面重大的工程项目之一。始于20世纪60年代的选调生政策是中国独有的党政后备干部选拔实践，但相关学术研究并不多，还没有形成较为完善的制度机制体系和教育管理体系。

　　办好中国的事情，关键在党；办好党的事情，关键在干部。如何培养和造就一大批高素质的领导干部，特别是培养选拔年轻干部，事关党的事业薪火相传，事关国家长治久安。各省市区从高等院校招录选调生，是为建设一支朝气蓬勃、奋发有为的党政干部队伍所采取的一项战略举措，也是为当代有志青年实现理想抱负、到基层建功立业搭建的有益平台。党的十八大以来，党中央高度重视选人用人的基层导向，为此更多的选调生被招录到中西部基层从事党政工作。迄今为止，选调生的总数已经逼近30万人次，在全国716.7万名公务员当中占到近4%的比例。一支有理想、有知识，朝气蓬勃、敢闯敢干的年轻干部队伍活跃在中国的基层大地。经过基层的磨炼，这些选调生将成为新时期党治国理政的骨干力量。广西壮族自治区曾对2004年之前20个省的选调生做过调查统计，选调生中有6800多名进入县处级以上领导班子，有420名进入地厅级以上领导班子，有7名进入省部级领导班子。实践证明，选调生工作是加快选拔优秀年轻干部步伐、建设高素质干部队伍的重要战略举措，是遵循年轻干部成长规律、加速领导型人才成长的有效途径。

因此，有必要通过对选调生这一课题研究，全面梳理总结选调生工作经验，找准新时代选调生工作定位，把选调生制度与干部人事制度有机结合起来，构建出选调生的基层成长模型，为进一步发挥选调生制度的功效提供有益借鉴，也为当下进一步开展选调生工作提供相关参考。

《新时代高校选调生工作研究》坚持以习近平新时代中国特色社会主义思想为指导，全面落实立德树人的根本任务，深化拓展"扶上马、送一程、关怀一辈子"的输送和服务理念，并把加强选调生教育培养作为教育报国重要体现，作为初心使命重要检视，作为人才输送重要渠道，积极鼓励应届毕业生到国家最急需、最基层、最边远的地方历练成长成才、建功立志立业，为充分发挥选调生工作在吸引储备优秀人才、改善干部队伍来源结构、优化干部成长路径、充实加强基层党政力量等方面发挥积极有效的参考作用。

目 录

高校选调生工作基本解析 …………………………………………… 1

一、选调生的基本概念 ………………………………………………… 2
二、选调生的基本类型 ………………………………………………… 2
  （一）中央选调生 ………………………………………………… 2
  （二）各省市定向选调生 ………………………………………… 2
  （三）非定向选调生 ……………………………………………… 3
  （四）各地区优秀人才引进 ……………………………………… 4
三、选调对象的基本组成 ……………………………………………… 4

高校选调生工作的理论追溯与制度依据 ……………………… 5

一、高校选调生工作的理论追溯 ……………………………………… 6
  （一）选调生工作的理论依据 …………………………………… 6
  （二）选调生工作的制度依据 …………………………………… 7
二、西方国家政党选拔年轻干部的实践路径 ………………………… 9
  （一）基层选区：选拔年轻干部的主要阵地 ………………… 10
  （二）选举制度：选拔年轻干部的主要方式 ………………… 10
三、高校选调生工作的时代演变 …………………………………… 11

高校选调生工作的制度变迁 17

一、起航与拓展：全面建设社会主义时期 18
（一）关于分配一批高等学校文科毕业生到县以下基层单位工作的请示报告 18
（二）关于分配一批高等学校毕业生到基层工作的指示 20

二、扬帆与深化：社会主义现代化建设新时期 21
（一）关于选调应届优秀大学毕业生到基层培养锻炼的通知 21
（二）关于改变中央和国家机关直接从应届大专毕业生中吸收干部的办法的通知 23
（三）关于进一步做好选调应届优秀大学毕业生到基层培养锻炼工作的通知 26
（四）关于引导和鼓励高校毕业生面向基层就业的意见 29
（五）关于进一步加强西部地区人才队伍建设的意见 35
（六）关于加强培养选拔年轻干部工作的意见 36
（七）关于建立选聘高校毕业生到村任职工作长效机制的意见 43
（八）关于进一步引导和鼓励高校毕业生到基层工作的意见 50

三、成熟与发展：中国特色社会主义进入新时代 57
（一）关于进一步加强和改进选调生工作的意见 57
（二）关于进一步激励广大干部新时代新担当新作为的意见 60
（三）关于建立健全城乡融合发展体制机制和政策体系的意见 64

新时代高校选调生教育培养问题研究 65

一、新时代高校选调生工作的现状与问题 66
（一）高校选调生工作现状 66
（二）当前高校选调生工作存在的主要问题及原因剖析 67

二、高校选调生教育培养的基本思路与路径探索 70

三、高校选调生工作审查流程参考 ·· 74
四、高校选调生面试真题与备考技巧 ·· 76
　　（一）高校选调生面试真题节选 ·· 76
　　（二）高校选调生面试备考技巧 ·· 88

附　录 ·· 95

一、全国选调生选拔培养管理办法摘录 ·· 96
二、全国高校选调生工作公告 ·· 119

参考文献 ·· 143

高校选调生工作基本解析

一、选调生的基本概念

选调生,是各省党委组织部门有计划地从高等院校选调品学兼优的应届本科及其以上毕业生到基层工作,作为党政领导干部后备人选和县级以上党政机关高素质的工作人员人选进行重点培养的群体的简称。

选调生工作,是培养选拔优秀年轻干部的"源头活水"。这是一项为建设一支朝气蓬勃、奋发有为的党政干部队伍所采取的战略举措,也是为当代有志青年到基层建功立业、实现理想抱负所建设的有益平台。大力选拔培养优秀年轻干部,是深化干部人事制度改革的战略举措。

二、选调生的基本类型

(一) 中央选调生

所谓中央选调生,就是选调各大高校的优秀毕业生进入中央机关工作。但这个招考并不公开,只是有文件在学校内部进行传达,而有资格的也只是部分高等院校,各高校的名额分配不等。

中央选调生是以调整公务员队伍学历和年龄结构为初衷而实行的政策,在考试上同国考无异。在形式上和各级选调无差,也要去往基层锻炼,唯一的区别就是招录单位都是中央部委。

(二) 各省市定向选调生

定向选调生是指部分省份面向国内部分重点高校定向选调一批全日制应届优秀大学毕业生。由于定向选调生往往被视为省市级政府重点培养的后备干部人才，所以中央或地方政府在招录时，只面向划定的国内外重点高校毕业生进行定向选调，即各地组织部门每年制订专门的选调计划，只从一定范围内的高校选调应届全日制大学本科及以上学历的毕业生到基层工作，是省干部人才引进工作的一个新突破，是一条吸引高层次人才的绿色通道。和中央选调生不同的是，定向选调生招考会公开进行，各省市招考时间基本在每年9月到次年2月。在国家鼓励重点大学毕业生赴基层工作的背景下，定向选调生已经成为高校毕业生就业去向的新增长点，并引起越来越多的学校和政府部门的重视。据不完全统计，截至2019年4月，全国共有28个省级政府面向重点大学招录定向选调生。此外，一些经济发达地级市也有相应的定向选调生（如杭州、青岛等）招录政策[①]。

面向国内重点高校定向招录选调生工作的五个重点：一是突出政治标准。要求报考人员有正确的政治立场和政治态度，有远大的理想抱负和真挚的家国情怀；选调对象必须是中共党员、优秀学生干部、获得校级以上奖励的人员或具有参军入伍经历的人员；在校期间有违法违纪违规行为、学术不端和道德品行问题的不列入选调范围。二是突出分级分类精准选调。选调生岗位，全部是省直单位比较受欢迎的工作岗位。三是突出专业化特点。为解决省市直机关专业性人才缺乏的问题，重点选调法律、金融、财会、机械化工等专业的优秀应届毕业生。四是突出竞争择优。部分省市在笔试中设置了开考比例，达不到岗位和报考人数1∶3比例的取消招录岗位，体现了好中选优、优中选强导向，确保选调生的素质。五是突出分层次激励。部分省市分别给予博士、硕士、本科不同学历的选调生，不同数目的一次性奖励，提高了选调政策的吸引力。

（三）非定向选调生

非定向选调生不限定选调学校范围，这类就是我们平常所说的，面向省内外高校招录的优秀应届生，凡是符合报考选调生基本条件的所有应届大学及以上的毕业生，都可以报名参加选调招录。随着国家改革政策的透

---

① 汪卫平，牛新春，郑雅君："为什么要去做定向选调生？——基于某'双一流'建设高校毕业生的质性研究"，载于《中国高教研究》，2020年第8期，第78-84页。

明，对于基层工作认可度越来越高，选调生前景也越来越好。

（四）各地区优秀人才引进

这类人才引进与定向选调生类似，面向的基本是名优校生。但更多时候会面向社会人群，当然条件也是很高的，例如：知名学者、获得过大型奖项等。一般是各地区针对当地情况，引进一些紧缺专业人才（大多数是理工科）。和定向选调生不同的是，这类引进更侧重于待遇发展而非编制。往往各地区为了吸引高端人才，会开出优厚的待遇条件。

三、选调对象的基本组成

选调生的选拔与培养是我党的一项重要工作。选调生是我国特色干部后备力量，是我国年轻干部的重要来源。

关于报考选调生应具备的资格条件，各地略有差异。根据中共中央组织部有关政策规定，选调生招生对象主要是全日制普通高校大学本科及以上学历的优秀应届毕业生。其中本科生大部分省份要求是应届毕业生、中共党员（预备党员）、学生干部，三者缺一不可，研究生条件可酌情放宽，一般只要求中共党员（预备党员）应届毕业生。但各省情况差别较大，具体要求应参考所报的选调生类别、省选调生招生公告等相应文件。此外报名者还需要具备的基本条件是：热爱中国共产党和人民，具备从事机关工作的基本素质和党政领导人才的潜质，在校表现优秀，学习成绩良好，群众威信较高等。

高校选调生工作的
理论追溯与制度依据

选调生制度是我国一项重要的干部人事制度，其选拔与培养一直是我们党的一项重要工作。该项制度发展至今，已有一系列选拔优秀大学毕业生到基层工作的文件及政策。此项制度为我国的基层工作输送了大批的年轻优秀的中坚力量，优化了基层领导干部的整体素质，也为我国经济、政治、文化社会的发展提出了宝贵意见，做出了巨大贡献。

选调生工作的开展以及政策的制定或执行，必须按照国家相关的制度。同时，选调生工作的开展，需要扎实的理论基础，包括借鉴学习部分国外政党选拔年轻干部的相关理论与实践，在总结经验的基础上逐步探索我们党的选调生工作依据，通过对比二者的异同，不断推动选调生工作的开展。

一、高校选调生工作的理论追溯

（一）选调生工作的理论依据

选调生工作的运行需要完善科学的理论作为支撑。从理论来源上说，可以从国外和国内两个方面进行分析。首先，对现阶段我国选调生工作所取得的巨大成就进行总结。其次，分析国外主要政党的人才选拔培养理论和实践，并从中吸收符合我国国情的经验，吸取负面教训，进而完善和提高我国公务员制度的科学性和可行性。

1. 选调生工作的法理依据

中国共产党作为执政党，必须在宪法和法律的范围内活动，而选调生工作的开展，也必须依靠法治的力量。法治理念是我国当前选调生制度中最基本的理念，它使得选调生制度不断趋向规范化、法制化、科学化。党的十八大以后，干部队伍建设逐渐形成更加完善的制度体系。选调生工作作为公务员体系中的重要组成部分，各个环节都应该在我国特色的法治轨道中健康运行。

选调生工作在具体执行过程中必须贯彻法治理念，严格按照法定的条件、标准和程序进行。选调生的招录、培养、使用、管理等工作必须在法定的权限中进行。已进入选调生队伍的国家公职人员必须依法履行职务。与此同时，他们在法律范围内的活动受到国家法律的保护。

随着选调生工作的体系不断完整，制度也不断完善。关于招考政策的变化，折射出中央着重从基层一线培养选拔干部的用人导向，同时也释放出了应届毕业生去基层就业、用人单位在基层一线培养人才的新机制将逐步建立和完善的强烈信号。

2. 选调生工作的现实依据

我国人口众多，劳动力资源丰富。新中国成立后特别是实行改革开放以来，我国政府坚持以人为本的理念，积极贯彻"尊重劳动、尊重知识、尊重人才、尊重创造"的方针，制定了一系列解决就业问题和发展教育、科技、文化、卫生、社会保障事业的政策措施，为实现人的全面发展创造良好的环境和条件。当前，我国的就业形势基本保持稳定，国民受教育程度和健康水平显著提高，一大批国家建设急需的优秀人才脱颖而出，为我国经济社会各项事业发展发挥了重要作用。

（二）选调生工作的制度依据

首先，应届毕业的全日制普通高等院校大学本科以上学历的中共党员、优秀学生干部和三好学生可以通过选聘成为选调生。选聘的条件为：综合素质高，思想品德好，愿意从事党政工作；具有良好的组织能力和沟通交流能力；身体健康，适应基层工作，有吃苦奉献精神。从基层做起，经受严格的实践锻炼，从中形成坚强的意志。其次，选调生的选聘坚持"公开、平等、竞争、择优"的原则。选调的程序一般为：拟订选调方案；发布选调简章；报名与资格审查；组织考试（包括笔试和面试）；考察和体检；公示并确定录用人选。最后，选调生培养的重点应为培养教育。通过岗位培训、脱产轮训等多种形式，学习马列主义、毛泽东思想和邓小平理论、"三个代表"重要思想以及习近平新时代中国特色社会主义理论体系。同时，市场经济知识、管理以及领导科学知识培训也是必不可少的。

根据中共中央组织部《关于进一步做好选调应届优秀大学毕业生到基层培养锻炼工作的通知》（组通字〔2000〕3号）文件精神，全国各省、自治区、直辖市分别制定了各地的选调生工作的管理办法。这些办法的制定，既是对中共中央组织部文件精神的具体落实，也是对中共中央组织部文件的补充和完善。

1. 干部人事制度

所谓干部人事制度，指的是有关党和国家干部人事管理体制、原则、机构，以及包含干部选拔制度、任用制度、考核制度、交流制度、培训制度等在内的一套完善的制度体系。干部人事制度在我国政治制度中扮演着重要角色，是我国政治制度重要组成部分。其主要职能为综合管理协调，完善党和国家干部队伍，培养出优秀的国家各级干部，进而促进国家人才选拔以及合理使用。

深化干部人事制度改革的关键在于深化优秀年轻干部培养选拔机制。概括起来，可以分为以下几点：一要拓宽队伍；二要优化结构，这里的结构主要指年轻干部队伍的专业、经历、年龄等结构；三要改进方式，任何事物的发展都是循序渐进的、有规律的，所以年轻干部需要经过逐步的、递进式的历练和培养；四要提高质量，就是严格按照选调生的选拔机制，公平公正、唯贤是举，改进后备干部人选产生方式和后备干部队伍管理机制。

2. 选调生制度

选调生制度包含于我们党干部人事制度。它是指党和国家关于开展选调生工作和选调生队伍建设的方针、原则以及规章制度的总称。一方面，选调生制度运行的主要依据是党内的法规、通知与规定；另一方面，选调生制度在具体实施过程中，不同省市区会依据具体情况而做出相应调整。因此，各省市自治区也都有一套关于本地选调生招录的简章及其具体管理办法。总而言之，选调生制度从无到有、从探索到成熟，都离不开中央抑或各省市区下发的文件、通知与规定，这些都成为了选调生制度运行的重要依据。

迄今为止，《关于进一步做好选调应届优秀大学毕业生到基层培养锻炼工作的通知》（组通字〔2000〕3号）（以下简称《通知》）是21世纪以来选调生制度运行最为权威的党内文件。该《通知》提出了要选调品学兼优的应届大学毕业生到基层工作，不仅明确了选调生制度的目标是"重点培养党政领导干部后备人选，同时为县级以上党政机关培养高素质的工作人员"，而且要求"必须按照中央提出的党政领导干部的基本素质要求做好选调工作，根据领导班子及其后备干部队伍建设的总体规划来确定选调生的数量和机构"[①]，这就标志着党和国家探索把选调生制度作为"基层实践锻炼培养领导人才"的一条崭新途径并逐步确立下来。依据制度实施的阶段性，选调生制度大致可以分为选拔制度和培养制度。选拔制度主要指的是各省市区组织部门坚持以"公开、平等、竞争、择优"的基本原则，将品学兼优的应届大学生及其以上毕业生通过相应程序从高校选调出来。培养制度指各选调生到岗后，组织对其进行进一步的培养，包含培训教育、管理和提拔晋升等一系列内容。

二、西方国家政党选拔年轻干部的实践路径

资产阶级政党经历了长时间的发展和积累，形成了很多颇具特色且相对成熟的干部人事制度。从干部的物色与发掘，到干部的成长和培训，

---

① 中共中央组织部：《关于进一步做好选调应届大学毕业生到基层培养锻炼工作的通知》（组通字〔2000〕13号），http://www.offcn.com/xds/2000/0113/315.html.2000年1月12日。

再到干部的考核与评价等都形成了符合其政党特色和国家情况的制度规定。我党吸收和借鉴一些西方政党在选拔任用年轻干部方面的优势理论和有效实践,这也是丰富和完善我国干部选拔任用制度的重要途径和来源。

(一)基层选区:选拔年轻干部的主要阵地

西方很多政党选拔培养年轻干部的途径包括基层选区党组织、议会党团以及附属于党的青年团体、妇女团体等。对于西方一些主要国家而言,基层选区才是选拔任用年轻干部的主要阵地。国外政党的组织体系大多是以选区为基础划分的,当然各个基层选区中也走出了大部分党内干部。我们以美国前总统奥巴马从政的经历为例,他早年曾在美国芝加哥的基层社区工作,在基层选举期间,无论就其组织还是动员能力,都展现出了卓越的政治才能和天然的号召能力,这些都得到了广大基层选民的一致认可和强烈的拥护[1]。

(二)选举制度:选拔年轻干部的主要方式

西方大部分国家公职人员的产生办法,最常见的为选举制、任命制和考试制三种。其中,选举制这一西方代议制民主政治的基础也成为了西方各政党选拔培养年轻干部的主要方式。"西方各主要政党的活动其实都是围绕如何赢得政治选举来进行的。要赢得选举,就必须在政党内部推出有竞争力的候选人,并通过选举将他们输送进政权机关。"[2]所以西方政党紧紧围绕赢得选举这一中心任务来培养与选拔官员,譬如英国前首相布莱尔就经过了五轮投票才成功当选某一选区的议员候选人。更有甚者,一些地方对于诸如法警、工程师、卫生官等都要经过公开选举。

人才的选拔和培养工作是能够决定各个国家能否兴旺发达,各个政党

---

[1] 孙进宝:"中国共产党选调生工作问题研究",中共中央党校2017年论文。
[2] 赵刚印:"西欧主要政党干部的培养与选拔探析",载于《学术探索》,2009年第4期,第18~22页。

能否长盛不衰的动力和源泉。比较国外政党关于年轻干部的选拔和培养，借鉴和吸收其优势亮点，吸取具有警示意义的经验教训，进而回归到我党的人才选拔培养工作，落脚到我党选调生工作的开展，才能使党的人才政策更加完善，使我党选调生制度的效能不断提高，选人用人能够符合当前中国特色社会主义的发展规律，从而彰显出我党自身建设的强大活力和生命力。

三、高校选调生工作的时代演变

关于选调生的工作，可以追溯到计划经济的20世纪60年代。1965年，国家高等教育部向中央递交了《关于分配一批高等文科毕业生到县以下基层单位工作的请示报告》（中发〔1965〕368号文件），党中央十分重视，批准并及时批转各地研究执行，全国的选调生工作以这个文件及其精神为依据开展，同时这个文件也成了学术界研究选调生最原始的文件。但在1966—1976年，选调生工作被迫中断。1978年高考恢复后，个别城市逐渐恢复选调生工作。

1980年中共中央组织部下发的《关于抓紧选拔优秀中青年干部工作的意见》中指出：从1980年起，各省、市、自治区党委和国家机关有关部委、每年要从应届大学毕业生中挑选一定数量的政治品德好、作风正派、学习成绩优良、身体健康、有培养前途的，放到基层锻炼。党组织要对他们加强管理教育，严格要求，热情帮助，条件成熟时，择优逐级提拔到领导岗位上来。意见下达后，全国各个城市开始响应，有16个省区开展了选调生工作。

1983年8月，中共中央组织部下发了《关于选调应届优秀大学毕业生到基层培养锻炼的通知》（中组发〔1983〕10号），选调生工作开始在全国全面展开，这次文件也是20世纪开展选调生工作的纲领性文件，标志了间隔十年的选调生工作恢复实施，并开始进一步发展。但是探索阶段的选调生工作一直处于停滞不前的状态，所以在1986年中共中央组织部召开选调生工作会议，决定暂停选调生工作。

在吸取初期阶段的经验之后，选调生工作进入调整阶段。1989年7月16号，中共中央、国务院下发了《关于省级以上党政机关不直接从高等学校应届毕业生中吸收干部的通知》（中发〔1989〕5号）肯定了中央开展选调生工作所取得的成绩，指出了高校应届毕业生必须经历基层工作锻炼。

1991年9月6日，中共中央做出了《关于抓紧培养教育青年干部的决定》（中发〔1991〕17号），决定指出，今后中央国家机关和省、自治区、直辖市党政机关，除经中央和国务院批准外，一般不要直接吸收应届大学毕业生进入机关。应届大学毕业生应尽量分配到基层去工作。直接分配到党政机关的应届大学毕业生，要先到基层进行锻炼。地（市）以上组织人事部门每年可从应届大学毕业生中挑选一批品学兼优的学生，分配到基层去培养锻炼，并进行跟踪考察，然后从中挑选优秀分子，逐级补充到党和国家机关干部队伍中来。

1992年4月10号，中共中央组织部根据1991年《关于抓紧培养教育青年干部的决定》重新部署了选调生工作，决定从当年开始每年从高校挑选一批品学兼优的毕业生下基层，并经过两年的基层锻炼按照增员指标以及通过考试考核后，可以补充到地级以上党政机关干部队伍中。

1995年1月7日，中共中央发出了《关于抓紧培养选拔优秀年轻干部的通知》（中发〔1995〕2号），要求各级党委组织部门，要会同教育、人事部门，每年从高等院校应届毕业生中挑选一批品学兼优的毕业生进行重点培养。选定以后，先组织他们到党校或干部院校培训，对他们进行政治理论、党的基本知识和党的优良传统作风等方面的教育，然后根据每个人的不同情况和培养方向的要求，将他们分配到农村乡镇或企业工作，并进行跟踪考察，从中挑选优秀分子，逐级补充到县级以上党政机关干部队伍中来。

1999年，中共中央组织部在江苏召开了有关选调生的座谈会，选调生工作正式开始全面恢复发展阶段。21世纪开始，选调生工作逐渐显现出了显著的成果，一大批的优秀选调生成长起来，也探索出一条适合我国发展的通过基层实践锻炼培养领导人才的有效途径。

为了适应发展的要求，在积累了20多年的工作经验后，2000年1月12

日,中共中央组织部等部门下发了《关于进一步做好选调应届优秀大学毕业生到基层培养锻炼工作的通知》(组通字〔2000〕3号),明确了选调品学兼优的应届大学毕业生到基层工作,重点是培养党政领导干部后备人选,同时为县级以上党政机关培养高素质的工作人员。并且要把选调生工作的着力点放在培养教育上,以缩短成才期,提高成才率。要以理论培养和实践锻炼为重点,全面提高他们的政治、业务素质,更要合理划分选调生的管理权限。此《通知》也成为新时期研究选调生最为权威的文献。

2000年9月5日,中共中央办公厅关于转发《中共中央组织部关于进一步做好培养选拔优秀年轻干部工作的意见》的通知中指出,各省、自治区、直辖市党委组织部要会同有关部门,每年选调一定数量的应届毕业的优秀大学生和研究生到基层重点培养锻炼,并把这项工作纳入培养选拔优秀年轻干部工作的整体规划。要对他们加强培养教育,严格要求,严格管理,使他们健康成长。对德才素质好、有发展潜力的,要列入后备干部名单。条件成熟的,要及时提拔到基层领导岗位。适合做机关工作的,有计划地补充到县级以上党政机关。

为进一步落实科学发展观,推进科教兴国战略和人才强国战略的实施,加快全面建设小康社会的步伐,2005年6月,中共中央办公厅、国务院办公厅就做好引导和鼓励高校毕业生面向基层就业工作提出《关于引导和鼓励高校毕业生面向基层就业的意见》(中办发〔2005〕18号),引导鼓励高校毕业生面向基层就业,加大选调应届优秀高校毕业生到基层锻炼的工作力度。各地认真落实该意见的精神,探索开展选聘大学生"村官"工作。随后,中共中央组织部相继出台了多个大学生"村官"工作的政策性文件,截至2008年初,已有17个省市启动了该项工作,大学生"村官"也开始逐渐活跃在中国基层大地。

2006年,中共中央组织部、中央机构编制委员会办公室、最高人民法院、最高人民检察院《关于缓解西部及贫困地区基层人民法院、人民检察院法官、检察官短缺问题的意见》(组通字〔2006〕8号)的通知指出:进一步做好选调生工作,充实法官、检察官后备人才。省(区、市)党委组织部门将为基层人民法院、人民检察院选调法律专业人才纳入选调生计划，会同高级人民法院、省级人民检察院每年有计划地选调一批优秀应届高等院校法律专业毕业生，安排到基层工作。西部各省（区、市）每年选调的人数一般不少于20名。各级党委组织部门和人民法院、人民检察院要按照选调生工作的有关政策，安排好选调生的工作和生活，保证选调生安心基层，尽早成才。

2008年2月，全国组织工作会议中明确提出，要坚持和完善选调生制度，精心挑选优秀大学生到基层艰苦岗位和复杂环境去锻炼。随着2008年中共中央组织部下发《选调优秀高校毕业生到基层培养锻炼工作暂行规定》（组通字〔2008〕3号），截至2012年底，全国有近20万选调生活跃在广阔的基层大地。

2008年3月，中共中央组织部和教育部、财政部、人力资源和社会保障部联合下发《关于选聘高校毕业生到村任职工作的意见（试行）》（组通字〔2008〕18号），在31个省（区、市）和新疆生产建设兵团部署开展了选聘高校毕业生到村任职工作。

2009年，中共中央组织部联合有关部门下发的《关于建立选聘高校毕业生到村任职工作长效机制的意见》（组通字〔2009〕21号）对选调生政策进行了重大调整，中央计划从2008—2012年选聘10万名大学生"村官"，每年根据各省（区、市）的行政村数量分配选聘名额，中央财政予以补助。选调生主要从具有2年以上基层工作经历的大学生"村官"及其他到基层工作的高校毕业生中招考。从大学生"村官"中招考公务员和选调生，要坚持竞争择优、好中选优。

2014年，中央机关开始面向部分重点高校定向招录优秀选调生，全国大学生"村官"工作座谈会强调，要把选调生工作与大学生"村官"工作衔接起来，完善相关政策，规范操作办法，形成良性互动机制。同年，中央机关开始注重遴选优秀选调生。

2016年11月1日，中央全面深化改革领导小组第二十九次会议审议通过了《关于进一步引导和鼓励高校毕业生到基层工作的意见》（中办发〔2016〕79号）。会议指出，高校毕业生是国家宝贵的人才资源，基层是高校毕业生成长成才的重要平台。引导和鼓励高校毕业生到基层工作，要深入实施就业优先战略和人才强国战略，进一步创新体制机制，完善政策措施，健全服务体系，畅通流动渠道，加快构建引导和鼓励高校毕业生"下得去、留得住、干得好、流得动"的长效机制。

2017年，中共中央办公厅、国务院办公厅印发了《关于进一步引导和鼓励高校毕业生到基层工作的意见》（中办发〔2016〕79号），并发出通知，要求各地区各部门结合实际认真贯彻落实。意见明确，省级以上机关录用公务员，除特殊职位外，按照有关规定一律从具有2年以上基层工作经历的人员中考录。市地级以上机关应拿出一定数量职位面向具有基层工作经历的公务员进行公开遴选。省、市级所属事业单位面向社会公开招聘时，应拿出一定数量岗位公开招聘有基层事业单位工作经历的人员。意见要求，多渠道开发基层岗位，为高校毕业生到基层工作搭建平台。

2018年出台了《关于进一步加强和改进选调生工作的意见》（组通字〔2018〕17号），就加强改进选调生工作，文件提出要进一步提高思想认识，统筹工作力量，形成上下联动、齐抓共管的工作格局。要加强选调生教育培训，实现工作需求与能力培养的统一。建立健全选调生激励、考核、评价机制，完善选调生实际工作制度，保障选调生工作支持体系。坚持严管和厚爱结合、激励与约束并重，切实抓好选调生队伍建设，激励选调生干事创业、成长成才。

2019年，中共中央组织部、人力资源和社会保障部、教育部、财政部、水利部、农业农村部、国家卫健委、国务院扶贫办、共青团中央等九部门联合印发《关于做好2019年高校毕业生"三支一扶"计划实施工作的通知》（日人社发〔2019〕6号），明确2019年全国招募2.7万名"三支一扶"人员到基层从事支教、支农（水利）、支医和扶贫等服务。文件要求，要强化期满"三支一扶"人员服务工作，推动他们扎根基层成长成才，及时将留在基层继续工作的"三支一扶"人员纳入高校毕业生基层成长计划，重点跟踪培养，构建短期与长期相结合、服务与工作相配套的引导鼓励高校毕业生到基层工作体系。

2020年中共中央组织部、人力资源和社会保障部等七部门近日印发《关于引导和鼓励高校毕业生到城乡社区就业创业的通知》（人社部发〔2020〕53号），拓宽高校毕业生就业渠道，助推城乡社区治理体系和治理能力建设。通知提出，鼓励高校毕业生围绕社区服务需求就业创业，支持社区服务类企业、社会组织吸纳高校毕业生就业或组织见习，支持高校毕业生到城乡社区服务领域创业和灵活就业。通知强调，强化高校毕业生社区就业服务和职业培训，加强高校毕业生就业创业观念引导，关心城乡社区就业创业高校毕业生成长发展，加大从优秀城乡社区工作者中招录（聘）公务员或事业单位工作人员特别是街道（乡镇）干部力度。

高校选调生工作的
制度变迁

一、起航与拓展：全面建设社会主义时期

（一）关于分配一批高等学校文科毕业生到县以下基层单位工作的请示报告

1965年6月11日，高等教育部党委起草《关于分配一批高等学校文科毕业生到县以下基层单位工作的请示报告》（中发〔1965〕368号）①。中央认为，分配一批大学毕业生到农村，是实现知识分子同工农群众相结合，培养革命接班人的有效途径之一，是加强基层建设的一项重要措施。

高等教育部党委专门进行了讨论，大家一致认为，分配一批高等学校文科毕业生到县以下的基层单位工作可以充实农村"四清"工作队伍，可以更好地实现知识分子同工农群众相结合，培养基层工作骨干，培养革命接班人，其意义十分深远，必须坚决贯彻执行。在具体安排上，经与中共中央组织部、国家计委、内务部（已撤销）、农业部等有关部门共同研究，提出如下意见。

（1）今明两年共拟抽出高等学校毕业生一万余人，分配到县以下的基层单位。其中一九六五年抽出五千八百余人，一九六六年抽出四千四百余人。综合大学文科两年内共有毕业生九千五百余人，拟从中抽出四千人，其中一九六五年抽出二千二百人，一九六六年抽出一千八百人。师范院校文科两年内共有毕业生一万六千六百余人，拟从中抽出一千人，其中一九六五年抽出六百余人，一九六六年抽出三百余人。师范院校文科毕业生之所以抽得较少，是由于中学师资很缺、急需补充的缘故。

---

① 高等教育部党委：《关于分配一批高等学校文科毕业生到县以下基层单位工作的请示报告》（中发〔1965〕368号），http://znzg.xynu.edu.cn/info/1005/1369.htm，1965年6月11日。

在文科毕业生之外，还拟从适合到农村工作的农科和理科生物等有关专业的毕业生中抽出五千一百余人，分配到县以下基层单位。其中农科抽出三千余人，理科生物专业抽出两千人。另外，还从政法等科类抽出一百二十余人。

（2）对这一万多名毕业生拟订了一个具体分配计划。这个计划中分配给各省、市、自治区的毕业生人数，都包括在国家计委拟订的高等学校毕业生分配计划和高教部拟订的高等学校毕业生调配计划数字之内。学校在选调毕业生时，应该注意保证政治质量，根据"重在表现"的精神，认真选拔政治、学习、身体都较好的学生，以保证按计划完成抽调任务。

目前正在各地参加"四清"运动的本届毕业生，仍应按原定计划，如期返校，以便学校有一段时间进行总结、鉴定，做好思想工作，然后再按统一调配计划派往各地。各省、市、自治区不要自行派人到学校挑选毕业生。

（3）鉴于农村"四清"正在加紧进行，对分配给各省、市、自治区的这部分毕业生，拟请各省、市、自治区党委组织部负责管理，先进行短期集训，在思想上做好必要的准备，然后组织他们参加"四清"运动。在"四清"运动中，应该适当集中，与参加"四清"工作队的干部混合编队，并注意加强管理和教育，使他们在阶级斗争、生产劳动以及基层工作等方面都能够得到锻炼。经过一两年之后，再有计划、有重点地分配他们到县以下的基层单位工作。在培养使用过程中，必须加强思想政治工作，组织学习主席著作和党的方针政策，帮助他们解决在学习上所必需的书籍、报刊。要严格组织生活，正确地开展批评和自我批评，定期进行思想总结。

在"四清"运动中，应该注意做好发展党员的工作，凡表现好、具备入党条件的，应该及时吸收入党。少量经过考察不适合在农村做基层工作的，则由各省、市、自治区负责调整做其他工作。他们的工资待遇，第一年按国务院规定的高等学校毕业生临时工资标准发放。第二年再根据他们的工作情况，正式评定工资级别。

此外，近几年来，都有一些专业的毕业生（包括毕业研究生）出现相对多余的现象。过去对这些相对多余的毕业生，主要采取储备的办法，安排劳动实习。但是，由于编制所限，只能储备一年，到第二年还是有不少毕业生，不得不改行使用，这是培养干部方面的一种浪费和损失。今后对这一部分相对多余的毕业生，我们认为也可以先放到基层去，安排在农村、工厂或学校参加"四清"、劳动或基层工作，作为储备的一种方法。这部分储备的毕业生由高教部负责调配，委托地方、工厂或学校代为管理，在实际工作中进行培养。一旦工作急需，可以随时将他们调往工作岗位。这样，就可以调剂余缺，更合理地使用高等学校毕业生。如中央同意，并给予必要的编制。

全国的选调生工作以这个文件及其精神为依据开展，同时这个文件也成了学术界研究选调生最原始的文件。

（二）关于分配一批高等学校毕业生到基层工作的指示

1965年6月14日，中共中央对高等教育部党委起草的《关于分配一批高等学校文科毕业生到县以下基层单位工作的请示报告》（中发〔1965〕368号）文件作出重要指示[1]。中央认为，分配一批大学毕业生到农村，是实现知识分子同工农群众相结合，培养革命接班人的有效途径之一，是加强基层建设的一项重要措施。

毕业生分配到基层以后，如何发挥他们的积极作用，重要的问题是要把他们管理好、教育好。文件要求各省、市、自治区党委必须加强对这项工作的领导，首先应该对这部分毕业生进行短期集训，做好思想工作，然后组织他们参加"四清"运动。各级干部对他们要满腔热情地对待，循循善诱地领导，应该像解放军老兵带新兵那样帮助、培养他们。经过两年的锻炼，根据他们的思想表现和工作能力，有计划、有重点地分配到县以下的基层单位，担任党政和文教、财贸等方面的实际工作。

对这部分毕业生的管理和教育工作，在参加"四清"运动期间，由

---

[1] 中共中央：《关于分配一批高等学校毕业生到基层工作的指示》，中国农村综合改革研究中心，1965年6月14日。

省、市、自治区党委组织部具体负责，高教厅（局）、人事厅（局）协助。高等教育部应该协助中共中央组织部调查了解对这部分毕业生的培养使用情况，发现问题，帮助解决。在分配到基层单位工作以后，地、县委仍要指定专人负责管理和教育，定期了解情况，关心他们的成长，使他们更好地适应基层工作的要求。

此外，每年都有成批的知识青年回乡参加生产劳动。对这部分青年，各级党、团组织也应该关心他们的学习和进步，加强教育。1965—1966年，各省、市、自治区还可以根据需要，从考不上大学的本届高中毕业生和过去回乡参加劳动的知识青年中，挑选一些思想政治比较好的，经过"四清"锻炼，分配到公社以下基层单位工作。

1965—1966年共安排了一万多名高校毕业生到县以下基层工作。至此，第一批选调生由城市（高校）走出，充实到基层干部队伍中。加强了基层建设的同时，为国家培养了大批人才。

二、扬帆与深化：社会主义现代化建设新时期

（一）关于选调应届优秀大学毕业生到基层培养锻炼的通知

1983年8月3日，中共中央组织部下发了《关于选调应届优秀大学毕业生到基层培养锻炼的通知》（中组发〔1983〕10号），文件标志着间隔十年的选调生制度重新恢复，选调生下基层进行锻炼，成为我国造就社会主义建设事业接班人的重要途径之一。选调生工作在全国范围内开展起来。其间，通知中提出了以下五点要求。

（1）为了建设好"第三梯队"，有计划地培养一批年轻而又有大学文化程度的党政领导干部，改善省、地、县（包括企、事业单位）领导班子的结构，决定从今年开始，各省、市、自治区每年都要选调一批应届优

秀大学毕业生,到基层进行重点培养锻炼。几年后,择优选拔到适当的领导岗位。这是实现领导班子革命化、年轻化、知识化、专业化的一项重要措施,应作为培养干部的一项制度长期坚持下去。

(2)对被选调的大学毕业生,要根据其专长和工作需要,进行定向培养。一般应派到领导班子团结、党风端正,能施展其专长的农村、厂矿的基层单位锻炼。经过两三年,择优选拔到基层领导岗位,从事政治、业务等多方面的工作,取得领导工作的实践经验。几年后,把其中优秀的选拔到县一级领导岗位。以后,对他们培养、管理和使用,可为地、省、部级领导班子打下良好的基础。

(3)选调大学生的人数,大省每年二百名左右,小省五十名左右,要有一定数量的女生和少数民族学生。开始时可以少一些,取得经验后再逐步增加。选调的范围,应包括理、工、农、医、文史、政法、财经等各种专业。去农村锻炼的,以农、医、文史、政法专业为主;去企事业单位的,要注意专业对口。

选调的对象,主要是应届大学本科毕业生,也可少量挑选专科毕业生。首先着眼于担任过学生干部的党团员和三好学生;也可在重点高等院校中挑选一部分往届大学毕业留校工作的团干部、辅导员等。

选调的毕业生,必须具备以下条件:①坚持四项基本原则,拥护党的路线、方针、政策;②思想品质好,作风正派;③学习成绩优良,善于独立思考,有一定的语言和文字表达能力;④组织活动能力较强,能联系群众;⑤身体健康。

选调的办法,一般由学校党组织审议、推荐,省、市、自治区党委组织部考察、批准。

(4)对选调的毕业生,省、市、自治区党委组织部要组织他们集中学习两三个月,学习党的路线、方针、政策;学习马克思主义的思想方法和工作方法;学习党的建设和现代管理的基础知识。使他们受到党政工作的基础训练,树立全心全意为人民服务、长期同工农群众一起艰苦创业的思想。

在他们锻炼期间,基层单位要指定专人对他们进行帮助,经常关心他们的思想、工作和生活,帮助解决实际困难。地、县委组织部每年要对他们进行一次全面考察了解。考察的材料要归入本人档案。对于不适于继续培养的，要及时按其所学专业，另行安排工作。他们在锻炼期间，享受同期大学毕业生的待遇。

（5）此项工作，由省、市、自治区党委组织部组织实施，并根据本地情况，制定规划，加强检查指导。执行情况，每年第一季度末报告中共中央组织部。

根据这一通知，各省市积极开展选调生工作，选调生工作开始在全国全面展开，这次文件也是20世纪开展选调生工作的纲领性文件，标志着选调生工作的进步深化，逐步进入扬帆与深化阶段。

（二）关于改变中央和国家机关直接从应届大专毕业生中吸收干部的办法的通知

从1980年以来，各省区市党委组织部有计划地从高等院校选调品学兼优的应届大学毕业生到基层工作，重点培养。各级组织部门也加大了对青年干部的培养与锻炼，为党的事业后继有人、平稳过渡创造了条件。

1984年4月30日，中共中央、国务院下发了《关于改变中央和国家机关直接从应届大专毕业生中吸收干部的办法的通知》（中发〔1984〕12号）①。文件指出，在过去几年，中央和国务院各部委机关补充干部，主要是直接吸收大专院校的应届毕业生。1977—1982年，各部委共补充干部9800人，其中直接从应届大专毕业生中吸收的有5800人，约占60%。这些大专毕业生分配到机关后，对于改变机关干部队伍年龄老化和文化程度偏低的状况，起了积极作用。他们中的大多数勤奋好学，积极肯干，表现是好的，有的已经成为工作中的骨干。但是，也有许多人没有经过基层工作和群众工作的锻炼，缺乏独立判断和处理实际问题的能力，难以较快地适应领导机关工作的要求。中央和国家机关各部委，在党中央和国务院领导下，担负着具体指导各条战线开创新局面的繁重任务，要求机关干部队伍

---

① 中共中央、国务院：《关于改变中央和国家机关直接从应届大专毕业生中吸收干部的办法的通知》（中发〔1984〕12号），中国农村综合改革研究中心，1984年4月30日。

有较高的素质。如果长期主要靠统一分配应届大专毕业生补充机关干部，几年后，没有经过基层工作锻炼的大学生将成为机关干部结构的主体。这将严重影响领导机关在执行党的路线、方针、政策和各项决策中发挥应有的组织指导作用，也不利于这些年轻同志的成长。

其间，中央决定，从1985年开始，中央和国家机关原则上不再直接从应届大专院校毕业生中吸收干部。所需干部，各部门可以根据自己的工作性质、任务和干部"四化"的要求，在国家规定的编制数额内，按照有关部门批准的补充干部的指标，从北京或京外择优挑选经过三年以上基层工作锻炼、具有大专毕业文化程度的干部，包括在教育部门批准的电视大学、函授大学、职工大学毕业和通过自学考试达到大专毕业文化程度的干部。有直属单位的，一般应从所属基层单位选调；没有直属单位的，通过组织、人事部门从本系统或其他基层单位选调。一般行政事务干部，应在北京就地选调。有些专业性很强的工种（如翻译、财会等），如确实需要直接从应届大专毕业生中挑选的，经批准可以在下达指标范围内选用。

具体规定如下：

（1）中央和国家机关补充干部，应严格控制在法定的干部编制数额内。各个机关可根据本单位在一定时期内将要离休、退休的干部人数，其他自然减员人数，拟调出机关的干部人数，以及适应事业发展需要增加的干部人数，编制出年度的和五年内应补充干部的规划，其中包括从京外补充干部的规划。这个规划经中共中央组织部、劳动人事部、国家计委审核批准后，下达进入指标。规划应分年度执行。从京外调进干部的指标，不允许突破。凡是能从北京选调的，就不要在京外选调。各部委党组（党委）和主管人事工作的领导同志要对执行规划负责。

（2）中央和国家机关选调的干部，应当是技术、管理工作或政治工作急需的骨干，以及经过实践考验的优秀青年干部。他们都必须是坚持四项基本原则，具有胜任在中央一级机关工作的专业知识和业务能力，经过三年以上基层工作锻炼，确实具有大专文化程度、身体健康的干部。一九八五年底以前，选调急需的业务骨干，年龄一般不超过四十五岁；以后应掌握在三十岁上下到三十五岁上下。选调工作，要促进本机关干部队伍在知识、专业和年龄方面形成和保持合理结构。

省以下各级党组织，要积极支持这项改革，把向中央和国家机关输送符合条件的干部作为自己的光荣任务。

（3）中央和国家机关从京外选调干部，必须经中共中央组织部、劳动人事部批准。对批准进京的干部及其家属，户口管理部门应当严格按规定办理落户手续。随迁的家属只能是本人的配偶，没有就业的未婚子女，以及没有工作、京外地区无子女、主要由本人赡养又长期在一起生活的父母。各部门从京外选调干部，应优先选调随迁家属较少的对象。进京干部的住房，谁调的，谁负责解决。

（4）坚决防止和反对在选调干部中的不正之风。选调干部一定要按照组织手续办理，切实保证应选干部的政治素质和业务素质。凡采取拉关系、走后门，弄虚作假等手段，占用进入指标，从外地调进亲友的，一经查明，除撤销调入干部及其随迁人员的户口外，还应对当事人绳之以党纪、政纪。

（5）一九八四年全国大专院校毕业生的分配，由于预分方案已经制订下达，仍应严格按原定办法执行，任何部门都不允许干扰今年应届大学毕业生的分配工作。各部委应将今年分配来的大专毕业生，按其所学专业对口下放基层单位锻炼二三年。对下放人员，每年至少考察一次。考察合格的，锻炼期满后调回机关工作，不合格的另行安排。

近几年分配到中央和国家机关工作的大专毕业生，除已经过两年以上基层工作锻炼以外，都应分期分批放下去工作二三年。在机关表现不好，在基层仍然表现不好的，应另行分配工作。文件要求，各省级党政领导机关今后如何补充干部，由各省、自治区、直辖市党委参照本通知的精神，并结合实际情况作出规定。

据统计，20世纪80年代，国家选拔了大批优秀大学毕业生到基层工作，仅1984年，就有3000多名选调生被安排到基层工作。1985年，全国28个省市区共有12700名选调生被安排到基层锻炼。这是我国选调生工作阶段性的进步，也为后来选调生工作更好地开展奠定了坚实的基础。

（三）关于进一步做好选调应届优秀大学毕业生到基层培养锻炼工作的通知

20世纪80年代以来，各省区市党委组织部有计划地从高等院校选调品学兼优的应届大学毕业生（以下简称选调生）到基层工作，重点培养。近20年来，这项工作取得了显著成绩，一批优秀选调生陆续成长起来。同时，各地也积累了有益经验，探索出了一条通过基层实践锻炼培养领导人才的有效途径。

2000年1月12日，中共中央组织部下发了《关于进一步做好选调应届优秀大学毕业生到基层培养锻炼工作的通知》（组通字〔2000〕3号）[①]，文件对进一步做好"选调生"工作提出了明确要求。为了适应形势发展的需要，进一步做好这项工作，需要重视以下几点。

1. 充分认识选调生工作的重要性和必要性

选调品学兼优的应届大学毕业生到基层工作，事关全局、事关长远。建设有中国特色社会主义的伟大事业，需要大批德才兼备、既有文化知识，又有实践经验的年轻干部；把优秀大学毕业生分配到基层工作，有利于改善基层干部队伍结构，增强基层干部队伍的活力；走与工农基本群众相结合的道路，在改革和建设的第一线经受磨炼、增长才干，是青年知识分子健康成长的必由之路。实践证明，选调品学兼优的应届大学毕业生到基层工作，符合领导人才成长的客观规律，是培养选拔优秀年轻干部、加强领导班子及其后备干部队伍建设的一项基础性工作，是从源头抓起，培养造就大批适应改革开放和社会主义现代化建设需要的领导人才的一项战略性措施。世纪之交，面对新的形势和任务，更加需要高瞻远瞩，有计划地做好领导人才的培养工作。各级党委及其组织（人事）部门，一定要充分认识选调生工作的重要性和必要性，把这项工作切实抓紧抓好。

[①] 中共中央组织部：《关于进一步做好选调应届优秀大学毕业生到基层培养锻炼工作的通知》（组通字〔2000〕3号），https://job.lzu.edu.cn/htmlfile/article/read/2012-03/article_29084.shtml，2000年2月。

2. 按照党政领导人才的基本素质要求做好选调工作

选调品学兼优的应届大学毕业生到基层工作，重点是培养党政领导干部后备人选，同时为县级以上党政机关培养高素质的工作人员。必须按照中央提出的党政领导干部的基本素质要求做好选调工作。根据领导班子及其后备干部队伍建设的总体规划，确定选调生的数量和结构。选调人数列入当年干部编制计划。选调生的专业结构要合理。女学生和少数民族学生应占一定比例。

严格选调条件，选调的对象应是政治素质好，有志于从事党政工作并有发展潜力的优秀学生。主要选调本科生、研究生中的共产党员、优秀学生干部和三好学生。

坚持"公开、平等、竞争、择优"的原则，采取本人自愿报名、院校党组织推荐、组织（人事）部门考试考核相结合的办法选调。选调对象必须通过公务员录用考试。有关院校党组织要认真负责地做好推荐工作。选调生名单由省区市党委组织部确定。

选调生分配纳入高等院校毕业生分配计划。一般应分配到有利于选调生健康成长的乡镇、街道和基层企事业单位。要安排合适的工作岗位，明确相应的工作职责。选调生的工作单位确定后，要按照有关规定办理录用手续，并报省（区、市）党委组织部备案。

3. 切实抓好选调生的培养教育

要把选调生工作的着力点放在培养教育上，以缩短成才期，提高成才率。要以理论培训和实践锻炼为重点，全面提高他们的政治、业务素质。加强对选调生的理论培训。要研究制订选调生培训计划，并列入整个干部培训规划。要通过岗位培训、脱产轮训等多种形式，组织选调生学习马列主义、毛泽东思想和邓小平理论；学习党的基本路线、基本方针、基本纲领。同时还要对选调生进行社会主义市场经济知识、现代科技知识、领导科学知识和法律知识的培训。选调生在基层工作期间，至少要脱产培训一次，时间一般不少于3个月。

立足基层，使选调生经受严格的实践锻炼。选调生分到基层后，要创造条件，使他们在实际工作中尽快了解基层情况，熟悉群众，积累实践经验，增强分析问题解决问题的能力。要适时进行交流轮岗，使他们熟悉多方面的工作。要把他们放到艰苦的环境中经受考验，并有意识地让他们承担一些急、难、险、重的工作任务，从中磨炼意志，增长才干。

认真抓好选调生的思想政治教育。要指定专人搞好传、帮、带。要采取多种形式，引导他们讲学习、讲政治、讲正气，帮助他们树立正确的世界观、人生观、价值观，使他们坚定正确的政治方向，牢记党的全心全意为人民服务的宗旨，自觉抵制资本主义腐朽思想、封建主义残余思想以及各种不良风气的侵蚀。要教育他们正确对待名、权、位，克服"镀金"思想，安心基层工作，脚踏实地地锻炼成长。要满腔热情地帮助他们解决工作、生活中的实际困难。

4. 明确工作职责，加强对选调生的管理

合理划分选调生的管理权限。省级党委组织部门负责选调生工作的宏观管理；地级党委组织部门在选调生的培养管理方面负有直接责任，要有专人负责，加强具体指导；县级党委组织部门是选调生的日常管理部门，要按照干部管理工作的要求和选调生工作的有关规定，做好培养管理工作；选调生所在单位的党组织，要负起责任，真正把选调生培养管理工作落到实处。

对选调生实行动态管理。要坚持年度考察，并根据考察情况每年进行一次调整。对那些不适合继续做党政领导干部培养对象的选调生，要及时调整到更有利于他们发挥作用的其他岗位工作。要将那些政治思想、道德品质、遵纪守法、廉洁自律等方面有问题的；本人不愿意继续在基层工作的；健康状况不好，不能适应繁重工作任务需要以及有其他不良表现的，及时调整出选调生名单。调整选调生，应按照干部管理权限，由县以上党委组织部门提出意见，报省级党委组织部门同意。对已经担任县处级以上领导职务的选调生，按照干部管理权限进行管理。省（区、市）党委组织部门对担任县处级以上领导职务的选调生，要继续掌握名单。

把对选调生的培养和使用结合起来。选调生在基层工作2到3年后，要

按照干部队伍"四化"方针和德才兼备的原则，根据岗位需要，择优选拔任用。适合做乡镇、街道领导工作的，及时提拔到乡镇、街道领导岗位。适合从事党政机关工作的，有计划地补充到县以上党政机关。今后，县级以上党政机关补充工作人员，应优先从选调生中挑选。对其中适合做机关领导工作的，应提拔到机关领导岗位。要破除"论资排辈""求全责备"等陈腐观念，大胆选拔使用选调生。对那些德才素质好、表现优秀、有发展潜力的选调生，要列入后备干部名单。要鼓励和支持选调生参加公开选拔领导干部和竞争上岗等活动，使他们在平等竞争中脱颖而出。

5. 加强领导，以改革的精神做好选调生工作

各级党委及其组织（人事）部门要把选调生工作摆上重要议事日程，切实加强对这项工作的领导和指导。要对近20年来选调生工作进行一次认真总结，肯定成绩，找出差距，研究提出进一步做好这项工作的办法和措施。要在坚持选调生工作正确方向的同时，对工作中一些不完善、与新的形势要求不适应的方面，进行积极的探索和大胆的改革，并与大学生分配制度改革相配套，与国家公务员制度相衔接。要加强制度建设，从实际出发，对选调生工作的各个环节作出相应规定，使这项工作逐步走上规范化、制度化轨道。

（四）关于引导和鼓励高校毕业生面向基层就业的意见

2005年6月29日，中共中央办公厅、国务院办公厅下发了《关于引导和鼓励高校毕业生面向基层就业的意见》（中办发〔2005〕18号）[①]，为进一步落实科学发展观，推进科教兴国战略和人才强国战略的实施，加快全面建设小康社会的步伐，文件就如何做好引导和鼓励高校毕业生面向基层就业工作，提出如下十六点意见。

（1）充分认识引导和鼓励高校毕业生面向基层就业的重要意义。高

---

① 中共中央办公厅、国务院办公厅：《关于引导和鼓励高校毕业生面向基层就业的意见》（中办发〔2005〕18号），清华大学学生职业发展指导中心，2005年6月25日。

校毕业生是国家宝贵的人才资源，他们的就业是一个涉及全局的重大问题，不仅关系到广大人民群众的切身利益，而且直接影响到经济发展和社会稳定。当前，随着经济体制改革的深化和经济结构的战略性调整，一方面高校毕业生就业面临着一些困难和问题，另一方面广大基层特别是西部地区、艰苦边远地区和艰苦行业以及广大农村还存在人才匮乏的状况。积极引导和鼓励高校毕业生面向基层就业，有利于青年人才的健康成长和改善基层人才队伍的结构，有利于促进城乡和区域经济的协调发展，有利于构建社会主义和谐社会和巩固党的执政地位。各地区各部门要站在党和国家事业发展全局的高度，统一思想，提高认识，在充分发挥市场配置高校毕业生人才资源的基础上，进一步加大政府宏观调控力度，切实做好引导和鼓励高校毕业生面向基层就业工作，努力建立与社会主义市场经济体制相适应的高校毕业生面向基层就业的长效机制。

（2）积极引导高校毕业生树立正确的成才观和就业观。要认真贯彻《中共中央、国务院关于进一步加强和改进大学生思想政治教育的意见》（中发〔2004〕16号），开展积极有效的思想政治教育，引导大学生树立正确的世界观、人生观和价值观，自觉地把个人理想同国家与社会的需要紧密结合起来。要通过社会实践等多种方式帮助大学生深入了解国情、了解社会，正确认识就业形势，树立行行建功、处处立业的观念，踊跃到基层锻炼成才。要加大宣传力度，通过报刊、广播、电视、网络等媒体，深入宣传党和政府有关高校毕业生到基层就业的政策，大力宣传高校毕业生在基层创业成才的先进典型，唱响到基层、到西部、到祖国最需要的地方建功立业的主旋律，在全社会形成良好的舆论导向。

（3）完善鼓励高校毕业生到西部地区和艰苦边远地区就业的优惠政策。要完善人才资源市场配置与政府宏观调控相结合的运行机制，进一步消除政策障碍，健全社会保障体系，促进高校毕业生到西部地区、艰苦边远地区和艰苦行业就业。对到西部县以下基层单位和艰苦边远地区就业的高校毕业生，实行来去自由的政策，户口可留在原籍或根据本人意愿迁往西部地区和艰苦边远地区。工作满5年以上的，根据本人意愿可以流动到原籍或除直辖市以外的其他地区工作。凡落实了接收单位的，接收单位所在地区应准予落户；需要人事代理服务的，由有关机构提供全面的免费代理服务。对毕业后自愿到艰苦地区、艰苦行业工作,服务达到一定年限的学生,其在校期间的国家助学贷款本息由国家代为偿还。到艰苦边远地区和国家扶贫开发工作重点县就业的,可提前执行转正定级工资,高定1至2档工资标准。

（4）积极鼓励、支持高校毕业生到基层自主创业和灵活就业。要大力倡导高校毕业生发扬自强自立的精神,在就业时不等不靠、不挑不拣,勇于到市场经济大潮中拼搏竞争。各级党委和政府要创造良好的政策环境和市场条件,鼓励和支持高校毕业生到基层自主创业和灵活就业。对高校毕业生从事个体经营的,除国家限制的行业外,自工商行政管理部门登记注册之日起3年内免交登记类、管理类和证照类的各项行政事业性收费。要加强对大学生的创业意识教育和创业能力培训,为到基层创业的高校毕业生提供有针对性的项目、咨询等信息服务,对其中有贷款需求的提供小额贷款担保或贴息补贴。有条件的地区,可通过财政和社会两条渠道筹集"高校毕业生创业资金"。对于高校毕业生以从事自由职业、短期职业、个体经营等方式灵活就业的,各级政府要提供必要的人事劳动保障、代理服务,在户籍管理、劳动关系形式、社会保险缴纳和保险关系接续等方面提供保障。

（5）大力支持各类中小企业和非公有制单位聘用高校毕业生。各类中小企业和非公有制单位是高校毕业生就业的重要渠道。各级党委和政府要为高校毕业生到这些企业和单位就业营造氛围、疏通渠道、创造条件。对非公有制单位聘用非本地生源的高校毕业生,省会及省会以下城市要取消落户限制。对到中小企业和非公有制单位就业的高校毕业生,在专业技术职称评定方面,要与国有企业员工一视同仁;对他们当中从事科技工作的,在按规定程序申请国家和地方科研项目和经费、申报有关科研成果或荣誉称号时,要根据情况给予重视和支持。要规范人才、劳动力市场秩序,加大人事、劳动保障执法监察力度,通过法律、经济、行政等手段,规范高校毕业生和用人单位的"双向选择"行为。要依法加强对各类企业签订劳动合同、兑现劳动报酬和缴纳社会保险情况的监督检查,维护中小企业和非公有制单位就业的高校毕业生的合法权益。到非公有制单位就业的高校毕业生,参加了基本养老保险的,今后考录或招聘到国家机关、事业单位工作,其缴费年限可合并计算为工龄。

（6）探索建立高校毕业生就业见习制度。为帮助回到原籍、尚未就业的高校毕业生提升职业技能和促进供需见面,地方政府要创造条件,探索建立高校毕业生见习制度。地方政府有关部门可根据实际需要,联系部分企事业单位,为高校毕业生建立见习基地或提供见习岗位,安排见习指导老师,组织开展见习和就业培训,促进他们尽快就业。见习期一般不超过1年,见习期间,由见习单位和地方政府提供基本生活补助。当地有关服务机构要为这些毕业生提供免费的人事代理和就业指导等服务。

（7）逐步实行省级以上党政机关从具有2年以上基层工作经历的高校毕业生中考录公务员的办法。省级以上党政机关在贯彻执行党和国家的路线方针政策、指导各地区各部门开展工作方面负有十分重要的职责,需要拥有一支德才兼备、熟悉基层的高素质干部队伍。从2006年开始,省级以上党政机关考录公务员,考录具有2年以上基层工作经历的高校毕业生（包括报考特种专业岗位）的比例不得低于三分之一,以后逐年提高。对招录到省级以上党政机关、没有基层工作经历的高校毕业生,应有计划地安排到县以下基层单位工作1至2年。副省级城市党政机关考录公务员参照以上办法执行。今后在选拔县处级以上党政领导干部时,要注意从有基层工作经历的高校毕业生中选拔。

（8）加大选调应届优秀高校毕业生到基层锻炼的工作力度。选调应届优秀高校毕业生到基层锻炼,在改革、建设的第一线和艰苦的环境中了解国情、砥砺品格、增长才干是青年人才成长的重要途径,也是优化基层公务员队伍结构、提高基层干部队伍素质的有效方式。要进一步扩大选调生的规模,各省、自治区、直辖市每年都要选拔一定数量的应届优秀高校毕业生到基层工作,主要充实到农村乡镇和城市街道等基层单位。各级组织人事部门要加强对选调生的日常管理和培养,在他们到基层工作2至3年后,按照干部队伍"四化"方针和德才兼备的原则,按照有关规定,结合岗位需求,从中择优选拔部分人员任用到乡镇、街道领导岗位。今后,县级以上党政机关补充公务员,应优先从选调生中选用。

（9）实施高校毕业生到农村服务计划。目前,广大农村教育、医疗卫生、现代农业技术推广等方面的人才极其短缺,引导和鼓励高校毕业生到农村工作是促进农村发展的客观要求。各级党委和政府要重视加强农业推广服务机构和动物防疫体系的建设，搭建吸纳高校毕业生的舞台，既有利于高校毕业生就业，又有利于推动"三农"工作。中央和国家机关有关部门要继续做好"大学生志愿服务西部计划"，为西部基层教育、医疗卫生、文化、农技推广服务等公共事业的发展提供阶段性服务，要进一步落实和完善配套支持政策，丰富服务内容。各省、自治区、直辖市也要有计划地选派高校毕业生到本地区农村服务。从2005年起连续5年，每年招募2万名左右高校毕业生，主要安排到乡镇开展支教、支农、支医和扶贫工作，时间一般为2到3年，工作期间给予一定生活补贴。安排到西部地区农村中小学、医疗卫生机构和农技推广服务机构工作的高校毕业生，其生活补贴由财政安排专项经费予以支付。服务期满后，进入市场自主择业，有关部门应协助在本系统内推荐就业。在今后晋升中高级职称时，同等条件下应优先评定。对报考公务员的，可以通过适当增加分数以及其他优惠政策，优先录用。对于已被录取为研究生的应届高校毕业生到基层服务的，为其保留学籍2年；对于到西部地区和艰苦边远地区服务2年以上的高校毕业生报考研究生的，应适当给予优惠并在同等条件下优先录取。

（10）大力推广高校毕业生进村、进社区工作。要把引导和鼓励高校毕业生面向基层就业同加强基层组织建设结合起来，从2006年起，国家每年有计划地选拔一定数量的高校毕业生到农村和社区就业。到城市社区就业的，其薪酬可由所在地财政和社区共同解决。到农村就业的，可通过法定程序安排担任村党支部、村委会的相应职务。市县两级政府可给予适当的生活补贴，其人事档案由县级人事部门管理。要把这批人员作为将来补充乡镇、街道干部的重要来源。对工作2年后报考公务员的，要采取适当增加分数以及其他优惠政策，优先录用；报考研究生的，应适当给予优惠并在同等条件下优先录取。争取用3到5年时间基本实现全国每个村、每个社区至少有1名高校毕业生的目标。

（11）加大财政支持高校毕业生面向基层就业的力度。引导和鼓励高校毕业生面向基层就业。一方面要以基层经济社会全面协调可持续发展为长远基础，另一方面要加大财政支持的力度。地方财政可根据当地实际情况和发展需要安排专门经费，用于引导和鼓励高校毕业生面向基层就业。

中央财政将通过不断加大转移支付力度予以支持。

（12）为西部地区和艰苦边远地区基层单位适当增加周转编制。为缓解西部地区和艰苦边远地区基层单位急需人才与编制紧缺的矛盾，在严格控制总体编制的前提下，从2006年起连续3年，采取先进后出的办法，由组织人事部门会同编制部门每年给西部地区和艰苦边远地区的乡镇下达一部分周转编制，用于接收应届或往届高校毕业生。

（13）实行面向基层就业的定向招生制度。根据基层的实际和需要，适当采取优惠政策，面向中西部地区生源实行定向招生，毕业后到中西部地区基层和艰苦行业就业。要严格招生管理，严格执行定向招生协议，保证招生工作公平公正，保证这部分学生完成学业后到协议单位服务。高等职业院校要以就业为导向，广泛加强与用人单位的合作，积极推行学历证书和职业资格证书制度，努力为基层培养更多的高技能人才和适应农村经济发展迫切需要的实用人才。

（14）认真做好高校毕业生就业信息服务工作，各高校就业指导服务机构要与各级人才交流服务机构、公共职业介绍机构合作，共同加强与社会用人单位的沟通，逐步建立起统一的高校毕业生就业服务信息、网络，实现高校、省、国家三级就业网的联通和就业工作的信息化，及时发布需求信息，为高校毕业生与用人单位搭建方便、快捷、覆盖面广、资源丰富的信息平台。各级政府要统筹高校毕业生市场、人才市场和劳动力市场建设，使现有各类人才和劳动力市场实现联网贯通，加快建设统一的人才市场。当前应在已有的市场内开设不同类别的专业市场，特别是面对高校毕业生的专业市场，提高供需对接的针对性，既方便高校毕业生求职择业，也帮助用人单位选用合适的高校毕业生。

（15）面向基层经济社会发展需要，进一步深化高等教育改革。要根据国家发展和社会需要科学规划高等学校的区域布局和层次结构，明确不同层次高校的办学宗旨和目标。要加强对高等教育发展的分析和预测，保持合理的招生规模，按照经济社会发展对人才的需求调整学科和专业设置。要加强素质教育，注重学生的技能培养和社会实践，提高毕业生适应市场和基层需求的能力。要切实加强对学生的职业发展指导，开设有关职业生涯发展辅导课程，帮助他们确立面向基层的职业意向。要把教育、指导和帮助学生面向基层就业作为高等学校的一项重要任务，大力整合校内资源，形成所有部门和教师共同关心和促进学生就业的强大合力。

（16）加强对高校毕业生面向基层就业工作的领导。高校毕业生就业是整个社会就业的重要组成部分，涉及方方面面，是一项长期的工作任务。各级党委和政府要注意结合本地实际，明确目标任务，采取有力措施，创新工作方法，把引导和鼓励高校毕业生面向基层就业的各项政策落实到位。组织人事部门要把引导和鼓励高校毕业生面向基层就业作为人才队伍建设的一项基础工作抓紧抓好。要从政治上爱护、工作上关心在基层工作的高校毕业生，积极为他们在基层经济社会发展的各项事业中贡献才智创造条件。为引导和鼓励高校毕业生面向基层就业，中央和国家机关有关部门及省、自治区、直辖市要建立扎根基层、建功立业优秀人才评选表彰制度。

此文件明确提出要加大选调应届优秀高校毕业生到基层锻炼的工作力度。选调应届优秀高校毕业生到基层锻炼，在改革、建设的第一线和艰苦的环境中了解国情、砥砺品格、增长才干是青年人才成长的重要途径，也是优化基层公务员队伍结构、提高基层干部队伍素质的有效方式。各省、自治区、直辖市也进一步扩大选调生的规模，每年都要选拔一定数量的应届优秀高校毕业生到基层工作，主要充实到农村乡镇和城市街道等基层单位。

（五）关于进一步加强西部地区人才队伍建设的意见

自我国实施西部大开发战略以来，西部实现了快速发展。随着大西部经济社会建设日益加快，人才队伍建设已成为当前可持续发展的关键。2007年，中共中央办公厅、国务院办公厅下发了《关于进一步加强西部地区人才队伍建设的意见》（中办发〔2007〕9号）①。为贯彻落实党的十六大和十六届五中、六中全会精神，全面实施国民经济和社会发展"十一五"规划，根据《中共中央、国务院关于进一步加强人才工作的决

---

① 中共中央办公厅、国务院办公厅：《关于进一步加强西部地区人才队伍建设的意见》（中办发〔2007〕9号），《中国培训》2007年第11期。

定》（中办发〔2006〕15号）和《西部地区人才开发十年规划》（中办发〔2002〕7号）精神，结合西部地区人才工作实际，文件就进一步加强西部地区人才队伍建设提出了十点意见，其中指出，要以服务西部为导向，进一步改进和加强干部交流工作。

根据西部地区需要，继续做好从中央、国家机关和国有重要骨干企业以及东部地区选派优秀干部到西部地区挂职锻炼工作。以改善市（地）县（市）两级领导班子结构为重点，大力推进干部交流工作，从中央、国家机关和东部地区有计划、分批次选拔优秀干部特别是优秀局、处级干部到西部地区任职，具备条件的可担任市（地）县（市）的党政领导正职，任职时间不少于一届。从西部地区选调优秀年轻干部，到东部地区和中央、国家机关挂职锻炼。完善交流到西部地区干部的激励保障机制和住房、工资、退休安置等方面的配套政策，建立回访和谈话制度，加强跟踪管理，鼓励干部到西部地区长期工作。继续做好干部援藏、援疆工作，逐步完善有关政策措施。

文件指出，继续推进西部大开发，促进区域协调发展，是落实科学发展观的必然要求，是全面建设小康社会和构建社会主义和谐社会的重要任务。大力加强西部地区人才队伍建设，是人才强国战略的重要组成部分，是党中央、国务院为保证西部大开发顺利实施而采取的一项重要举措。着眼于解决西部地区人才队伍建设中的突出问题，创新工作思路，完善政策措施，为西部大开发提供坚实的人才保证和智力支持。

（六）关于加强培养选拔年轻干部工作的意见

大力培养选拔年轻干部，是保证党的事业后继有人和国家长治久安的根本大计，是加强领导班子和干部队伍建设的战略任务。中共中央组织部下发了《关于加强培养选拔年轻干部工作的意见》（中组发〔2009〕8号）文件。

改革开放以来，在党中央的高度重视和各级党组织的努力下，培养选拔年轻干部工作取得了显著成效，积累了丰富经验。同时必须看到，与新形势新任务要求相比，年轻干部队伍状况和培养选拔年轻干部工作还存在较大差距。一是优秀年轻干部的数量和素质还不能满足领导班子建设需要，特别是能够担任党政正职的优秀年轻干部数量偏少。二是部分年轻干部的品行和能力素质有缺陷，理想信念不够坚定，宗旨意识不强，欠缺应急处变和处理复杂矛盾的能力。三是年轻干部队伍结构亟须优化，相当一部分年轻干部缺乏基层和艰苦复杂环境的历练，工作经历单一。四是一些地方和部门对培养选拔年轻干部工作认识不到位，满足于已经取得的成绩，工作抓得不够紧。五是年轻干部的培养锻炼、选拔任用和管理监督机制还不够健全，有利于年轻干部健康成长的体制机制环境还没有完全形成。当前，世情、国情、党情和干部队伍状况都在发生深刻变化，党中央对培养选拔年轻干部工作提出了新要求，进一步做好新形势下培养选拔年轻干部工作，任务十分重要而紧迫。

文件指出，当前和今后一个时期培养选拔年轻干部工作的基本要求是：高举中国特色社会主义伟大旗帜，以邓小平理论和"三个代表"重要思想为指导，深入贯彻落实科学发展观。坚持重在培养，以坚定理想信念、加强党性修养和弘扬优良作风为核心，进一步加强理论培训和实践锻炼，提高年轻干部的政治素质和能力素质；坚持德才兼备、以德为先的用人标准，形成有利于优秀年轻干部脱颖而出的选拔机制，使领导班子和干部队伍形成合理结构，始终充满生机与活力；坚持严格要求、严格管理、严格监督，保证年轻干部健康成长。以落实领导班子选拔配备年轻干部的规定要求为关键，以加强后备干部队伍建设为重点，以保证一代年轻干部健康成长为目标，全面加强年轻干部队伍建设，培养造就中国特色社会主义事业的可靠接班人。

1. 加强理论培训和党性锻炼，努力提高年轻干部的思想政治素质

（1）加强理论武装，坚定理想信念。按照大规模培训干部的要求，有计划地对年轻干部进行系统的马克思列宁主义、毛泽东思想和中国特色社会主义理论体系培训，全面提高年轻干部的马克思主义理论素养，打牢理想信念根基。充分发挥党校、行政学院、干部学院等各级各类干部培训机构的主阵地作用，办好中青年干部培训班。深入开展形式多样的理论学习活动，把理想信念教育与国情、党情教育结合起来，帮助年轻干部牢固

树立马克思主义的世界观、人生观、价值观，坚定对马克思主义的信仰、对中国特色社会主义的信念、对改革开放和社会主义现代化建设的信心。

（2）加强党性修养，弘扬优良作风。加强年轻干部的党性锻炼，强化党的历史、党的基本知识和党的优良传统作风教育，严格党内组织生活，使年轻干部始终保持共产党人的政治本色，保持共产党员的先进性纯洁性。加强年轻干部的道德修养，自觉改造主观世界，严格遵守廉洁从政准则，认真践行社会主义核心价值体系，保持健康的生活情趣，追求高尚的道德品行和精神境界。加强年轻干部的作风养成，牢固树立宗旨意识，深入基层，密切联系群众，增进对人民群众的感情，摆正与人民群众的关系，坚持党和人民利益高于一切，正确对待个人利益和得失。弘扬求真务实、真抓实干的作风，讲实话、办实事、求实效，谦虚谨慎，淡泊名利，克服浮躁情绪和急功近利心理。加强年轻干部的纪律修养，增强纪律和法治观念，严格遵守党纪国法，模范执行民主集中制，反对本位主义、自由主义和个人主义，坚决贯彻党的路线方针政策和决策部署。

2. 强化实践锻炼，切实提高年轻干部的能力素质

（1）加大年轻干部到基层一线、艰苦地区和急、难、险、重岗位锻炼的力度。树立重视基层的导向，鼓励年轻干部到基层一线锻炼成才。完善年轻干部到基层锻炼工作制度。中央、国家机关和省级党政机关中没有基层工作经历的年轻干部，要有计划地选派到基层锻炼，主要安排到条件艰苦、工作困难的地方或急、难、险、重岗位上工作。建立和推行年轻干部服务基层制度，采取扶贫、支教、建立联系点等多种方式，组织年轻干部深入实际，服务基层。选派年轻干部到西部地区、革命老区、老工业基地、重点工程、信访岗位任职或挂职。注重在完成重大任务、应对重大事件中锻炼年轻干部。加强管理，完善政策，提高年轻干部实践锻炼工作成效，真正使年轻干部在实践中经受考验，磨炼意志，丰富阅历，增长才干，切实提高贯彻落实科学发展观、促进社会和谐发展的能力，提高应对复杂局面、调处利益冲突、做好群众工作的能力。各地各部门要结合实际，积极探索年轻干部实践锻炼的新途径新方法。

（2）加大年轻干部交流培养力度。认真贯彻落实《党政领导干部交

流工作规定》（中办发〔2006〕19号），按规定应该交流的年轻干部要有计划地组织交流。对长期在领导机关工作的年轻干部，要有计划地安排到下级机关或基层工作，同时从基层选调优秀年轻干部到上级机关工作。加大优秀年轻干部跨地区、跨部门、跨行业交流力度，重点交流列入后备干部名单的市（地、州、盟）和县（市、区、旗）党政正职。坚持推动东中西部地区间的干部交流，依托援藏、援疆和东西部地区对口协作关系，加大选派东、中部地区年轻干部到西部地区工作的力度，继续从中西部和艰苦边远地区选派年轻干部到中央、国家机关和经济相对发达地区挂职锻炼。注意做好党政干部、企业经营管理人员、科技人员三支队伍之间的交流。坚持多岗位培养锻炼年轻干部，重视正职岗位历练。对适合担任主要领导职务但缺乏下一级党政正职任职经历的后备干部，要抓紧安排到党政正职岗位工作，全面提高他们的素质。加强年轻干部交流培养工作的宏观指导和综合协调，总结推广经验，完善制度机制，提高工作水平和实效。

（3）加强年轻干部的源头建设。着眼于培养大批基层骨干和党政领导后备力量，大力选聘高校毕业生到村（社区）任职，建立高校毕业生到村（社区）任职下得去、待得住、干得好、流得动的机制。进一步改进和完善选调生制度，做好选调生工作与公务员录用、选聘高校毕业生到村（社区）任职等工作的政策衔接。努力建立来自基层一线的年轻干部培养链。县以上机关录用公务员，要逐步加大具有基层工作经历人员的比例，使有基层工作经历人员成为领导机关工作人员的主要来源。

3. 坚持标准，树立正确的用人导向，进一步形成优秀年轻干部脱颖而出的选拔机制

（1）按照德才兼备、以德为先的标准选拔优秀年轻干部。选拔任用优秀年轻干部既要重能力，更要重品行，始终坚持德才兼备、以德为先的用人标准。严格考核和准确评价识别年轻干部的政治品德、职业道德、家庭美德和社会公德，注重选拔政治上靠得住、工作上有本事、作风上过得硬、人民群众信得过、清正廉洁的优秀年轻干部，真正树立注重品行、科学发展、崇尚实干、重视基层、鼓励创新、群众公认的用人导向。

（2）进一步形成优秀年轻干部脱颖而出的选拔机制。解放思想，创

新机制，大力破除妨碍优秀年轻干部脱颖而出的思想、舆论、制度阻力。认真贯彻《公开选拔党政领导干部工作暂行规定》（中央办发〔2004〕13号）和《党政机关竞争上岗工作暂行规定》（中办发〔2004〕13号），坚持民主、公开、竞争、择优，深化干部人事制度改革，完善竞争性选拔制度。认真研究优秀年轻干部成长规律，探索建立破格提拔制度。进一步拓宽选拔优秀年轻干部渠道，加大从基层一线选拔力度，注重从国有企业、高等院校和科研院所选拔。凡是在中国特色社会主义建设实践中涌现出来的优秀人才，都应纳入选拔视野，实现在更广范围、更大领域的选贤任能。

（3）落实各级领导班子配备年轻干部的规定要求。按照加强各级党政领导班子建设的要求，加大选拔配备优秀年轻干部工作的力度，保证领导班子形成合理年龄结构，进一步提高领导班子的整体功能。领导班子没有达到配备年轻干部要求的要抓紧选拔配备。尤其要重视各级党政正职干部队伍建设，及时将那些政治上坚定、民主作风好、组织领导能力强、清正廉洁的优秀年轻干部选拔到各级党政正职岗位。重视做好年轻女干部、少数民族干部和非中共党员干部的选拔工作。

高度重视企业、事业单位年轻优秀人才选拔工作，重点培养选拔一批爱党爱国、业务能力强的年轻科技领军人物，一批政治素质好和社会责任感强、具有全球视野和战略眼光的年轻企业经营管理者。

（4）做好后备干部集中调整工作。按照《2009—2020年全国党政领导班子后备干部队伍建设规划》要求，认真做好后备干部集中调整工作，将那些善于领导科学发展、实绩突出、群众公认和有发展潜力的优秀干部充实到后备干部队伍，建立起以"百千万工程"为重点、素质优良、数量充足、结构合理的各级党政后备干部队伍，以满足领导班子建设需要。

（5）正确处理选拔优秀年轻干部和发挥其他年龄段干部积极性的关系。研究掌握干部工作规律，按照不同层级干部任职年龄合理结构要求，进一步提高干部选拔任用工作科学化水平，既要保证党的事业后继有人，又要充分调动各个年龄段干部的积极性，防止在任职年龄上搞层层递减和一刀切，形成各级领导班子和干部队伍"老、中、青"合理配备的结构，实现领导班子和干部队伍全面协调可持续发展。

4. 从严管理监督，保证年轻干部健康成长

（1）坚持对年轻干部严格要求。要把从严治党、从严管理干部的要求落实到年轻干部的培养教育、选拔任用和管理监督各个环节中去。要在思想政治品德、纪律观念和廉洁从政等方面从严要求和管理年轻干部，对他们的党性修养和作风养成提出明确要求，制定行为规范，教育和督促他们严格自律，秉公用权，健康成长。加强党内监督、群众监督和舆论监督，严格约束和及时制止不良行为。

（2）加强对年轻干部的考核。结合日常管理、年度考核、后备干部考察和领导班子换届调整考察，加强对年轻干部的考核，了解掌握他们的德、能、勤、绩、廉等情况，特别是在应对突发事件、完成重大工作任务等关键时刻和对待个人名利、地位的表现情况。要将考核结果与干部的奖惩任免结合起来，考核不称职的要进行组织调整，充分发挥干部考核的激励和导向作用。

（3）健全完善谈心谈话制度。各级党组织和干部人事部门要加强与年轻干部的联系，坚持开展经常性的谈心谈话活动，了解年轻干部的思想、工作、作风等方面的情况，肯定成绩，指出不足，明确努力方向。对年轻干部轮岗交流或提拔重用、考核考察中发现缺点和问题、参加半年以上的学习培训或挂职锻炼、出国出境、遇到挫折困难等情况，随时进行谈话。对精神状态不佳、工作不作为、考核中评定为基本称职等次、群众反映较多、发现苗头性问题的年轻干部，要及时提醒告诫。

（4）建立年轻干部状况定期分析制度。加强对年轻干部的跟踪管理，及时掌握年轻干部的考核及民主测评、民意调查、经济责任审计、述职述廉和奖励处分等情况。建立年轻干部思想状况、工作状况调查分析制度，注意总结经验，发现和推广典型，认真查找存在的突出问题，准确把握新形势下年轻干部的特点，增强年轻干部管理监督工作的针对性、实效性。

（5）实行后备干部动态管理制度。坚持后备干部每5年一次集中调整，全部重新确定后备干部名单。建立后备干部动态调整的工作机制，对表现突出、符合后备干部条件的优秀干部，要及时补充进后备干部名单；对相形见绌的，要及时作出调整。凡是年度考核中被评定为基本称职或不称职的、民主测评优秀票和称职票达不到三分之二的；不服从组织调动和工作安排的；违反科学发展观，搞劳民伤财、脱离实际的"形象工程""政绩工程"或制造虚假政绩的；生活作风、廉政等方面有问题的，要坚决从后备干部队伍中调整出去。

（6）坚持严格管理与关心爱护干部相结合。对年轻干部既严格要求、严格教育、严格管理、严格监督，又在政治上信任、工作上放手、生活上关心。对年轻干部要看大节、看主流、看发展，不求全责备。努力营造鼓励探索、支持创新的良好环境，鼓励年轻干部大胆实践、勇于改革创新，充分发挥积极性、主动性和创造性，始终保持蓬勃向上的朝气、开拓进取的锐气、不畏艰险的勇气。

5. 加强组织领导，保证培养选拔年轻干部工作的各项制度和措施落到实处

（1）建立培养选拔年轻干部工作责任制。各级党委（党组）要切实把培养选拔年轻干部工作摆上重要日程，召开专题会议研究部署。主要负责同志要亲自抓，定期听取工作汇报，加强工作指导。按照工作要求和职能分工，落实任务和责任，一级抓一级，层层抓落实，形成党委统一领导，组织部门宏观指导、综合协调，各个单位狠抓落实的工作格局。

（2）加强督促检查。各级组织部门要加强对培养选拔年轻干部工作的督促检查。建立培养选拔年轻干部工作通报制度，每年年底各地各部门要对本年度培养选拔年轻干部工作情况进行总结，提出下一年度的工作计划。加强对领导班子配备年轻干部情况的督促检查，保证培养选拔年轻干部工作取得实效。认真抓好《2009—2020年全国党政领导班子后备干部队伍建设规划》的贯彻落实，把这项工作作为当前和今后一个时期干部工作的一项重要任务落实好。

（3）形成有利于年轻干部健康成长的良好环境。坚持党管干部原则，以改革创新精神研究解决年轻干部工作中的新情况新问题，推进理念创新、制度创新和方法创新。加强舆情监测和舆论引导，做好正面信息发布和典型经验宣传工作。努力创造年轻干部健康成长的条件和氛围，使广大年轻干部认清时代要求，认清党和人民寄予的希望，认清自己肩负的历

史重任，满腔热忱地投入到全面建设小康社会的实践中去，努力把自己锻炼成为中国特色社会主义事业的可靠接班人。

（七）关于建立选聘高校毕业生到村任职工作长效机制的意见

2009年4月7日，中共中央组织部、中共中央宣传部、教育部、公安部、民政部、财政部、人力资源和社会保障部、农业部、国家林业局、国务院扶贫办、共青团中央、全国妇联下发了关于建立选聘高校毕业生到村任职工作长效机制的意见（组通字〔2009〕21号），为贯彻落实党的十七大和十七届三中全会精神，进一步加强和改进选聘高校毕业生到村任职工作，既注重激励保障，又强化竞争择优，确保大学生"村官"下得去、待得住、干得好、流得动，逐步建立一支规模适度、结构合理、素质优良、充满活力的大学生"村官"队伍，文件就建立选聘高校毕业生到村任职工作长效机制提出了以下意见。

1. 建立定期选聘制度

（1）合理确定选聘规模和计划。中央计划从2008年到2012年选聘10万名大学生"村官"，每年根据各省区市的行政村数量分配选聘名额，中央财政予以补助。各省区市和新疆生产建设兵团也可结合本地实际，自行选聘一定数量的大学生"村官"，所需费用由地方财政支付。各地要合理确定选聘大学生"村官"的总体规模和年度计划，稳步有序推进选聘工作。大学生"村官"聘用期满离任的，或出现其他离岗等情况的，要把缺额纳入下一年度选聘计划。

（2）实行定期、统一选聘。选聘高校毕业生到村任职工作一般每年集中开展一次。选聘工作原则上由省区市一级组织、人力资源和社会保障部门、团委统一组织实施，或省市两级组织、人力资源和社会保障部门、团委共同组织实施。选聘名额、选聘办法、选聘条件要提前向社会发布，并进行正面宣传引导，鼓励优秀高校毕业生自愿报名应聘。高等学校要积极配合做好有关工作。

（3）严格执行选聘程序和条件。坚持公开、平等、竞争、择优的原则,严格按照中央有关部门确定的选聘条件和发布公告、个人报名、资格审查、考试考察、体检、公示等基本程序,主要选聘具有大学本科以上学历、是党员或担任过学生干部的优秀高校毕业生。选聘过程接受社会监督,增强透明度和公信度。选聘对象确定后,县级组织、人力资源和社会保障部门要与其签订聘任合同,合同中要明确双方聘用关系及大学生"村官"为村级组织特设岗位人员、系非公务员身份,细化管理考核、待遇保障、竞争择优、期满去向等方面的条款。

2. 建立岗位培训制度

(1)制定培训规划。省区市党委组织部要把大学生"村官"纳入整个干部教育培训规划,建立健全大学生"村官"岗位培训制度,制定年度培训计划,并每年至少举办一期示范培训班。市、县两级要组织实施好大学生"村官"培训工作。大学生"村官"任职上岗前,都要安排岗前培训。聘用期间,每年至少安排一次岗位培训,累计时间不少于7天。兼任乡、村团组织职务的,由共青团组织纳入农村团干部培训规划。参加培训情况,要作为大学生"村官"考核、推优的依据。

(2)突出培训重点。大学生"村官"教育培训要针对岗位特点,坚持以政治理论和思想道德教育为基础,以党的路线方针政策、涉农法律法规、市场经济知识、农村经营管理知识、农业实用技术、农村基层组织建设以及开展调查研究、做好群众工作、进行自主创业等为重点,以提高做好农村工作、带领群众创业致富本领为目的。培训中要注重讲解"三农"工作的方针政策,介绍新农村建设情况和乡风民俗,传授开展农村工作的经验方法,帮助大学生"村官"尽快进入工作角色,打开工作局面。

(3)拓展培训渠道。依托各级党校、行政院校、高等院校、干部学院、干部培训基地、远程教育站点、团校等,大力加强大学生"村官"的系统培训。通过优秀大学生"村官"介绍体会、乡村干部传授经验、组织大学生"村官"实地考察学习等灵活多样的方式,强化大学生"村官"的技能培训。教育、科技、农业、人力资源和社会保障、扶贫等部门要发挥优势,整合资源,积极开展大学生"村官"专项培训。高等院校特别是农业院校,要结合大学生"村官"特点和工作需要,开展继续教育和研究生同等学历教育。

3. 建立配套保障制度

(1) 落实工作生活补贴。中央财政补助资金和地方财政补助资金要按时拨付到位,保证大学生"村官"工作、生活补贴比照本地乡镇新录用公务员试用期满后工资水平及时发放。加强对大学生"村官"补助资金的管理,建立专项资金账户,确保专款专用。

(2) 落实社会保险。大学生"村官"聘用期间,按照当地对事业单位的规定,参加相应社会保险。其中在建立补充医疗保险制度的地方,应在参加社会医疗保险的基础上,为其办理补充医疗保险。社会保险的单位缴纳部分,由负责发放大学生"村官"工作、生活补贴的部门缴纳,个人缴纳部分由负责发放大学生"村官"工作、生活补贴的部门在个人补贴中代扣代缴,具体手续由县(市、区)负责发放大学生"村官"工作、生活补贴的部门到当地社会保险经办机构办理。其中工伤保险按照《工伤保险条例》的规定,应由用人单位支付的工伤待遇,由负责发放大学生"村官"工作、生活补贴的部门发放。相关费用,纳入财政给予的工作、生活补贴范围。

(3) 落实学费补偿和助学贷款财政代偿政策。对于到中西部地区和艰苦边远地区农村基层的大学生"村官",国家实行学费补偿和国家助学贷款代偿政策。中央部委所属高校毕业的大学生"村官"的学费和国家助学贷款,由中央财政补偿和代偿。地方所属高校毕业的大学生"村官"的学费补偿和助学贷款代偿办法,由选聘地制定。对于被选聘到其他地区农村基层的大学生"村官",鼓励选聘地补偿学费和代偿助学贷款。享受学费补偿和助学贷款代偿政策的大学生"村官",必须在聘期内考核称职。

(4) 提供工作生活基本条件。各地要结合实际,整合资源,为大学生"村官"提供工作、食宿等基本条件,帮助解决正常开展工作所需的交通、通信等方面的问题,不断改善大学生"村官"的工作生活条件。有条件的地方,可定期组织对大学生"村官"进行体检。要采取可靠措施,确保大学生"村官"人身安全。

4. 建立跟踪培养制度

（1）明确岗位职责。担任村党支部（党总支、党委）书记助理和村委会主任助理的大学生"村官"，主要协助做好以下工作：宣传贯彻党的路线方针政策及上级党组织有关安排部署；组织实施社会主义新农村建设的有关任务，协助做好本村产业发展规划，领办、创办专业合作组织、经济实体和科技示范园；配合完成社会治安、计划生育、矛盾调解、社会保障、调查统计、办事代理、科技推广等工作；负责整理资料、管理档案、起草文字材料和远程教育终端接收站点的教学组织管理、设备网络维护；参与讨论村务重大事项；参与村团组织的建设和工作。大学生"村官"担任村"两委"成员职务的，按照所担任具体职务确定工作职责。乡镇党委和村"两委"要结合本地实际和大学生"村官"专业特长，明确大学生"村官"的具体职责和工作分工。可根据工作需要，安排大学生"村官"担任村团组织负责人。

（2）实行结对帮带。乡镇党委要为每个大学生"村官"确定1名乡镇干部和1名村干部，进行结对联系帮带，面对面进行帮助指导，提高大学生"村官"能力素质，了解掌握思想工作状况，注意做好心理疏导，帮助解决实际困难。县级组织、人力资源和社会保障部门要经常深入调研，走访了解大学生"村官"的工作生活情况，研究解决实际问题。

（3）注重实践锻炼。乡村党组织要给大学生"村官"压担子、交任务，帮助确定合适的项目和任务，鼓励大学生"村官"在农村创业，并通过适当政策倾斜和市场机制办法，为他们提供支持，使他们更好地运用所学知识为发展农村经济、改变农村面貌多做工作、多办实事，使他们在具体实践中经受锻炼、干事创业。对大学生"村官"既要严格要求，又要鼓励他们放手工作，大胆创新。县、乡两级组织召开有关会议，可安排优秀大学生"村官"代表列席参加。积极推荐综合素质好、议事能力强的大学生"村官"作为各级党代会代表、人大代表、政协委员和团代会、妇代会代表人选。

（4）搭建交流平台。中央有关部门依托互联网和农村党员干部现代远程教育网建立大学生"村官"网络交流平台，加强与大学生"村官"的联系交流。各地可结合实际，依托当地政务网站、报纸、电视、广播设立大学生"村官"信息专栏，建立大学生"村官"网站，创办大学生"村官"工作报刊，为大学生"村官"提供多种交流平台。县、乡党委要定期研究大学生"村官"工作，注重听取大学生"村官"的思想工作汇报和意见建议；设立专用信箱、热线电话，及时收集、受理大学生"村官"反映的问题；共青团、妇联等组织要根据大学生"村官"的特点，组织开展优秀大学生"村官"巡回报告、经验交流等活动，推广宣传干事创业的先进典型和创业经验，为大学生"村官"相互学习交流、共同提高创造条件。

（5）强化管理考核。各地要加强对大学生"村官"的管理考核，完善竞争择优机制，形成在实践中比干劲、比奉献、比业绩的鲜明导向，强化大学生"村官"苦干实干、创先争优的意识。大学生"村官"考核工作由县级组织、人力资源和社会保障部门、团委负责，乡镇党委具体组织实施。考核分为年度考核和聘期考核。考核采取个人述职、党员会议测评、村民代表会议测评、村"两委"班子评价等形式进行。考核结果分为优秀、称职、基本称职和不称职四个等次。考核结果报县委组织部备案，作为续聘、奖惩、选拔干部、招录公务员、招聘事业单位工作人员、报考研究生、补偿学费和代偿助学贷款等的重要依据。对大学生"村官"要严格管理，加强监督，发现不良苗头问题要及时批评教育，加强正面引导。

5. 建立正常流动制度

（1）鼓励担任村干部。对表现优秀、党员群众认可、担任村"两委"主要负责人的大学生"村官"，要鼓励他们长期在农村基层干部岗位上建功立业。留任村党支部书记和村委会主任的，仍然纳入大学生"村官"名额，可以继续享受大学生"村官"工作、生活补贴。

（2）择优选拔乡镇和其他党政机关公务员。各级党政机关要注重从具有基层工作经历的优秀大学生"村官"中招考公务员，并明确录用比例；乡镇机关补充公务员，要逐步提高从大学生"村官"中考录的比例。选调生主要从具有2年以上基层工作经历的大学生"村官"及其他到基层工作的高校毕业生中招考。从大学生"村官"中招考公务员和选调生，要坚持竞争择优、好中选优。报考公务员和选调生的大学生"村官"，须在聘期内表现优秀、考核称职，并经县级组织、人力资源和社会保障部门推荐同意。

（3）扶持自主创业。鼓励和支持大学生"村官"发挥自身优势和专业特长，立足农村农业实际自主创业，为社会主义新农村建设做出贡献。各地要结合实际，建设和完善一批投资小、见效快的大学生"村官"创业园和创业孵化基地，认真落实高校毕业生创业的各项优惠、扶持政策，重点帮助和支持那些有创业意愿、创业能力、创业优势的大学生"村官"，带领群众创业致富。要强化大学生"村官"创业指导服务，积极开展信息咨询、项目开发、创业培训、创业孵化、小额贷款、开业指导、跟踪辅导等工作。各级共青团组织要将大学生"村官"创业纳入促进青年创业就业总体部署。高等院校要积极开展创业教育和实践活动。

（4）引导另行择业。对于聘期考核称职，不再留村工作或不参加公务员招考的，要帮助和支持其另行择业，择业前可免费参加一期职业培训；对于素质能力不适应岗位要求、不能正常开展工作的，或年度考核连续两年不称职的，要予以解聘，引导其另行择业。鼓励和引导事业单位、国有企业、非公有制企业等用人单位，优先聘用（招用）具有2年以上农村基层工作经历的大学生"村官"。

（5）支持继续学习。鼓励大学生"村官"继续学习深造。聘期工作表现良好、考核合格的，报考硕士研究生可享受初试总分加10分和在同等条件下优先录取的优惠政策。鼓励高等学校结合办学实际，为大学生"村官"攻读研究生学位创造条件。

6. 建立齐抓共管制度

（1）加强统筹协调。各级党委要加强对大学生"村官"工作的领导和指导，建立由组织、宣传、教育、公安、民政、财政、人力资源和社会保障、农业、林业、扶贫、共青团、妇联等部门参加的联席会议制度，定期召开会议，通报有关情况，研究解决重大问题。工作任务繁重的，可成立专门工作机构，配备工作人员。有关大学生"村官"工作的重要政策、重要事项、重要活动，要集体研究决定，统一组织实施。

（2）明确职责分工。各有关部门要根据工作职能和业务范围，共同抓好大学生"村官"工作。组织部门发挥牵头协调作用，其他部门各司其职，密切配合。人力资源和社会保障、教育、财政、公安部门主要负责医疗、养老、工伤保险，报考公务员、研究生，另行择业，人事代理，户籍管理，学费补偿和助学贷款代偿，工作生活补贴等配套保障政策的制定、解释、检查、落实工作；宣传部门主要负责指导协调新闻媒体，采取多种方式广泛宣传大学生"村官"工作，营造良好的社会舆论氛围；民政部门主要负责指导大学生"村官"参与村级事务管理、参加村委会选举等工作；农业、林业、扶贫部门主要负责利用部门资源开展大学生"村官"专项培训，指导大学生"村官"参与现代农业、林业建设和扶贫开发等工作。

（3）落实管理责任。大学生"村官"的日常管理工作由组织、人力资源和社会保障部门、共青团组织负责。中共中央组织部、人力资源和社会保障部、团中央负责宏观管理，指导各级组织、人力资源和社会保障部门、团组织共同做好大学生"村官"的日常管理工作。省、市两级负责规划协调、组织指导、督促检查等工作。县级组织、人力资源和社会保障部门主要负责建立大学生"村官"档案资料，做好考核工作，落实跟踪培养措施，提出选拔任用意见；团县委主要负责大学生"村官"的联系服务等工作。乡镇党委、团委和村党组织负责具体管理、联系、服务等工作。

这一时期，选调生政策是逐步发展和成熟的阶段，一方面选调生到各级党政机关以后大大地提高了党政干部的知识化水平，基本上实现了新进干部的学历把关，基层单位的干部学历也都是提升到了大专以上水平。另一方面，这些年轻干部大多数都经受住了锻炼，他们其中的优秀分子也不负众望地成为了领导干部，对得起组织部门的精心培养。

文件中指出，选聘高校毕业生到村任职，是党中央做出的一项重大战略决策，对于改善农村基层干部队伍结构、培养新农村建设骨干力量和党政干部后备人才，推进新形势下农村改革发展，夯实党在农村的执政基础具有重大意义。

（八）关于进一步引导和鼓励高校毕业生到基层工作的意见

2016年12月30日中共中央办公厅、国务院办公厅下发了《关于进一步引导和鼓励高校毕业生到基层工作的意见》（中办发〔2016〕79号）[①]。文件强调，高校毕业生是国家宝贵的人才资源。党中央、国务院高度重视高校毕业生就业工作，把基层作为高校毕业生成长成才的重要平台，对引导和鼓励高校毕业生到基层工作提出了明确要求。各地区各有关部门创新政策措施，完善服务保障机制，引导大批高校毕业生到基层工作，有力推动了基层事业发展。同时也要看到，与全面建成小康社会目标和基层发展对各类人才需求相比，高校毕业生到基层工作还存在动力不足、渠道不畅、发挥作用不够、发展空间有限、服务保障不力等问题。为进一步引导和鼓励高校毕业生到基层工作，发挥高校毕业生在促进基层经济社会发展中的作用，文件中提出了如下意见。

1. 总体要求

（1）指导思想。全面贯彻党的十八大和十八届三中、四中、五中、六中全会精神，深入贯彻习近平总书记系列重要讲话精神，认真落实党中央、国务院决策部署，紧紧围绕统筹推进"五位一体"总体布局和协调推进"四个全面"战略布局，牢固树立新发展理念，深入实施人才强国战略和就业优先战略，以培育和践行社会主义核心价值观为引领，以服务基层发展为目标，以更好发挥高校毕业生作用为核心，进一步创新体制机制，完善政策措施，健全服务体系，加快构建引导和鼓励高校毕业生到基层工作长效机制，确保下得去、留得住、干得好、流得动。

（2）基本原则。坚持服务基层和培养人才相结合。将促进基层经济社会发展作为出发点和落脚点，积极营造有利于高校毕业生立足基层成长成才的良好环境，更好鼓励高校毕业生扎根基层、服务基层。

坚持市场主导和政府推动相结合。充分发挥市场在人力资源配置中的

---

① 中共中央办公厅、国务院办公厅：《关于进一步引导和鼓励高校毕业生到基层工作的意见》（中办发〔2016〕79号），新华社，2017年1月24日。

决定性作用和更好发挥政府作用，健全统一规范的人力资源市场，加强对在校大学生的思想引导，实施基层服务示范引领项目，建立健全有利于高校毕业生向基层流动的长效机制。

坚持政策支持和完善服务相结合。把转变政府职能和创新管理方式结合起来，着力完善各项支持政策，加强公共就业和人才服务体系建设，建立健全有利于高校毕业生到基层工作的服务保障机制。

2. 多渠道开发基层岗位，为高校毕业生到基层工作搭建平台

（1）结合政府购买基层公共管理和社会服务开发就业岗位。认真落实政府购买基层公共管理和社会服务岗位更多用于吸纳高校毕业生就业的要求，结合基层实际需求和转变政府职能、创新公共服务供给模式需要，加大在基层公共教育、医疗卫生、文化体育、农业技术、农村水利、扶贫开发、社会救助、城乡社区建设、社会工作、法律援助、信息化建设与管理等领域购买服务的力度，创造更多适合高校毕业生的就业岗位。从基层实际需求出发，精准聚焦短缺人才，以县域为单位定期梳理本地区迫切急需的岗位信息，依托各级公共就业人才服务机构信息发布平台等渠道，加强信息发布和政策引导，鼓励用人单位优先吸纳高校毕业生就业。集中政策资源精准发力，落实好各项就业扶持政策。

（2）引导高校毕业生投身扶贫开发和农业现代化建设。围绕打赢脱贫攻坚战和农业现代化部署，结合推进农业科技创新、扶贫开发需求，积极引导和鼓励高校毕业生投身现代种业、农业技术、农产品加工、休闲农业、乡村旅游、农村电子商务、农村合作经济和基层水利等事业。鼓励高校毕业生到贫困村从事扶贫工作，到贫困村创业并带领建档立卡贫困人口脱贫致富的高校毕业生，可按规定申报扶贫项目支持、享受扶贫贴息贷款等扶贫开发政策。到农业生产经营主体就业的高校毕业生，可按规定享受就业培训、继续教育、项目申报、成果审定等政策，符合条件的可优先评聘相应专业技术资格。

（3）引导高校毕业生到中西部地区、东北地区和艰苦边远地区工作。在深入实施中部崛起、西部大开发和振兴东北地区等老工业基地战略

中，积极拓展高校毕业生就业新空间，引导和鼓励高校毕业生到中西部地区、东北地区就业。艰苦边远地区基层机关招录高校毕业生可适当放宽学历、专业等条件，降低开考比例，可设置一定数量的职位面向具有本市、县户籍或在本市、县长期生活的高校毕业生。抓好《关于进一步做好艰苦边远地区县乡事业单位公开招聘工作的通知》（人社部规〔2016〕3号）的贯彻执行，落实好艰苦边远地区事业单位公开招聘高校毕业生各项倾斜政策。

（4）鼓励高校毕业生到基层机关事业单位工作。根据基层发展需要和财力状况，编制政策和编制标准适当向基层机关事业单位倾斜，为适度扩大招聘高校毕业生创造条件。基层单位出现岗位空缺，择优招录高校毕业生或者拿出一定数量的岗位专门招录高校毕业生。研究制定符合县乡机关工作特点的公务员考录测评办法。市地级以上机关新录用高校毕业生没有基层工作经历的，可安排到县乡机关锻炼1年。加大招录国家重点高校优秀毕业生到乡镇一线和其他基层单位工作的力度，为基层干部队伍建设提供源头活水。

（5）鼓励大学生参军入伍。适应深化国防和军队改革形势，将大学生参军入伍纳入军民融合发展战略，鼓励和吸引更多优秀高校毕业生到军营建功立业。进一步完善高校学生参军入伍优惠政策，重点落实好退役大学生士兵专项研究生招生计划、学费资助、复学升学、就业创业等政策。进一步优化工作流程，为大学生入伍开辟绿色通道，落实预定兵工作机制。完善鼓励高校毕业生在部队长期服役政策，部队服役经历视为基层工作经历，按有关规定享受在基层工作高校毕业生同等政策待遇。认真细致做好服务。对大学新生、在校生、毕业生等不同群体开展有针对性的宣传动员，持续关心大学生士兵锻炼成长，进一步提高大学生征兵数量和质量。

（6）鼓励高校毕业生到中小微企业就业。发挥中小微企业吸纳高校毕业生就业主渠道作用，鼓励中小微企业在适应供给侧结构性改革、推进产业优化升级以及发展新经济、培育新动能过程中，进一步开发有利于发挥高校毕业生专长的管理型、技术型就业岗位。引导新兴业态与传统行业融合发展，支持发展就业新模式、新形态。综合运用财政、金融等政策，加大对中小微企业支持力度。对小微企业新招用毕业年度高校毕业生，按规定给予社会保险补贴和职业培训补贴。

（7）支持高校毕业生到基层创新创业。落实国家关于清障减负各项政策，为高校毕业生创新创业营造良好环境。加快发展众创空间，依托大学生创业园、国家农业科技园区、创业孵化基地等，为高校毕业生搭建低成本、全方位、专业化的创新创业平台。发挥财政、信贷、创投以及社会公益等各类资金的作用，为高校毕业生创业创新提供多渠道资金支持。充分挖掘社会组织吸纳高校毕业生就业的潜力，积极发挥社会组织帮扶高校毕业生创新创业的作用。鼓励高校毕业生根据自身专长和区域经济特色，在基层创办企业、从事个体经营或网络创业，并按规定给予就业创业政策支持。支持高校毕业生以资金入股、技术参股等方式，加入农民专业合作社等经济组织，鼓励其兴办家庭农场，对其中符合扶贫扶持政策、农业补贴政策条件的，按规定给予政策支持。鼓励高校毕业生充分利用闲暇时间，通过互联网远程技术为基层和艰苦边远地区提供公益性志愿服务或兼职工作，以多种形式为基层发展贡献才智。

3. 健全保障措施，为高校毕业生在基层成长成才创造良好条件

（1）加大教育培训力度。建立健全面向基层高校毕业生的多层次、多元化培训和实训体系，组织开展有针对性的教育培训，多渠道组织引导高校毕业生到基层实践锻炼。各地组织实施的专业技术人才知识更新工程、创新创业培训项目等，应安排一定比例班次或人次专门面向在基层工作的高校毕业生。

（2）营造有利于高校毕业生发展的制度环境。认真落实县以下机关公务员职务与职级并行制度。建立事业单位管理岗位职员等级晋升制度。优化基层事业单位岗位设置，适当提高基层中、高级专业技术岗位比例。对到条件特别艰苦乡镇事业单位工作的高校毕业生，要统筹做好交流工作。

（3）完善基层职称评审制度。建立体现基层一线特别是脱贫攻坚一线专业技术人才工作实际特点的职称评价标准，合理设置评审条件，对论文、科研、外语、计算机应用等不作硬性要求。对长期在基层一线工作或做出重要贡献的基层专业技术人才，可破格晋升职称等级。有条件的地区可试行基层专业技术人才申报高级职称单独分组、单独评审、单独确定通过率。推广中小学教师、卫生等重点领域专业技术人才晋升高级职称须有1年以上农村基层工作服务经历的做法。

（4）逐步提高基层工作人员工资待遇。对到中西部地区、东北地区或艰苦边远地区、国家扶贫开发工作重点县以下机关事业单位工作的高校毕业生，新录用为公务员的，试用期工资可直接按试用期满后工资确定，试用期满考核合格后的级别工资，在未列入艰苦边远地区或国家扶贫开发工作重点县的中西部地区和东北地区的高定一档，在三类及以下艰苦边远地区或国家扶贫开发工作重点县的高定两档，在四类及以上艰苦边远地区的高定三档；招聘为事业单位正式工作人员的，可提前转正定级，转正定级时的薪级工资，在未列入艰苦边远地区或国家扶贫开发工作重点县的中西部地区和东北地区的高定一级，在三类及以下艰苦边远地区或国家扶贫开发工作重点县的高定两级，在四类及以上艰苦边远地区的高定三级。落实对乡镇机关事业单位工作人员实行的工作补贴政策，当前补贴水平不低于月人均200元，并向条件艰苦的偏远乡镇和长期在乡镇工作的人员倾斜，落实艰苦边远地区津贴增长机制。

（5）加强其他待遇保障。各类基层用人单位招用高校毕业生，应依法签订劳动合同或聘用合同，参加社会保险，兑现劳动报酬。高校毕业生从非公有制经济组织和社会组织考录或招聘到机关事业单位或其他用人单位工作时，及时转移其社会保险关系，缴费年限合并计算。支持高校毕业生从事多种形式的灵活就业，符合条件的给予社会保险补贴。更好地实施高校毕业生赴基层就业学费补偿和助学贷款代偿政策。对到农村基层急需紧缺专业（行业）就业的高校毕业生可给予专项安家费。落实省会及以下城市放开对高校毕业生落户限制的规定，高校毕业生在基层就业可根据需要自愿迁移户口。技师学院高级工班、预备技师班和特殊教育院校职业教育类毕业生可参照高校毕业生享受相关就业补贴政策。

4. 实施高校毕业生基层项目，发挥项目示范引领作用

（1）实施基层服务项目。继续组织实施大学生"村官"、农村教师特岗计划、"三支一扶"计划、志愿服务西部计划和农技特岗计划等专门项目，每年选派一批高校毕业生到基层服务。规范项目组织管理，加强人员培养使用，强化日常考核监督，切实发挥项目示范引领作用。进一步加大服务基层项目统筹实施力度，促进项目间政策协调平衡，有条件的地区可探

索基层服务项目统一征集岗位、统一发布公告、统一组织考试、统一服务管理。

（2）完善基层服务项目政策措施。适时提高基层服务项目人员工作生活补贴标准，落实社会保险、人员培训等相关政策。基层服务项目人员服务满1年且考核合格后，可按规定参加职称评定。参加基层服务项目前无工作经历的人员服务期满且考核合格后2年内，在参加机关事业单位考录（招聘）、各类企业吸纳就业、自主创业、落户、升学等方面可同等享受应届高校毕业生的相关政策。落实机关事业单位定向考录（招聘）升学扶持等政策，组织开展专场招聘，加强职业指导和职业介绍，促进服务期满人员就业。

（3）实施高校毕业生基层成长计划。将在基层重点领域就业创业的优秀高校毕业生作为后备人才，实行导师制培养模式，由用人单位负责同志或业务带头人进行"一对一"传帮带，原则上放在校长助理、所长助理、专家助理、总经理助理等重要岗位上进行锻炼培养，促进高校毕业生扎根基层、在基层成长成才。各地区各有关部门和用人单位要积极创造条件，加大对后备人才支持力度，为其在基层工作生活提供便利。上级机关事业单位选拔干部人才、同级单位岗位职务（等级）晋升和评聘专业技术职务（岗位），应当将纳入后备人才的优秀高校毕业生作为重点入选对象。

5. 畅通流动渠道，为在基层工作的高校毕业生职业发展提供支持

（1）注重拓展在基层工作的高校毕业生职业发展渠道。在干部人才选拔任用机制上，进一步强化基层工作经历的政策导向，向在基层工作的优秀高校毕业生倾斜。省级以上机关录用公务员，除特殊职位外，按照有关规定一律从具有2年以上基层工作经历的人员中考录。市地级以上机关应拿出一定数量职位面向具有基层工作经历的公务员进行公开遴选。省、市级所属事业单位面向社会公开招聘时，应拿出一定数量岗位公开招聘有基层事业单位工作经历的人员。有条件的地区，可明确具体公开遴选或招聘的比例。鼓励国有大中型企业建立健全人力资源管理激励机制，将在基层生产和管理一线表现优秀的高校毕业生纳入后备人才队伍，加大从基层一线选拔任用中层干部的力度。

（2）完善基层人才顺畅流动机制。健全统一规范的人力资源市场，打破户籍、地域、身份、学历、人事关系等制约,促进高校毕业生在不同地域和不同性质单位间合理流动。实施"互联网+"人力资源服务行动,建立健全人力资源市场供求信息发布制度,加大基层急需紧缺人才宣传推介力度,加强区域性、行业性人才市场间的交流合作,推动政策互通、资格互认、信息共享,加快人事档案管理服务信息化建设,完善社会保险关系转移接续办法,为在基层工作的高校毕业生跨地区、跨行业、跨体制流动提供便利条件。

(3) 优化公共就业和人才服务。健全公共就业和人才服务体系,不断丰富服务内容,满足高校毕业生多样化服务需求。进一步简化优化服务流程,明确服务标准,规范服务行为,提升服务水平。充分运用各类信息通信技术创新就业信息服务方式,开发移动客户端等信息服务平台,提供精准、高效的就业服务。

6. 加强组织领导

(1) 健全工作机制。各地要将引导和鼓励高校毕业生到基层工作纳入政府就业和人才工作总体规划,建立健全党委和政府领导、人力资源和社会保障部门牵头、各有关部门参与的工作协调机制。人力资源和社会保障部门要认真履行牵头抓总职责,加强统筹协调。各有关部门要按照职责分工,积极参与,形成齐抓共管、整体推进的工作格局。

(2) 强化教育引导。教育部门和高校要强化对在校大学生的理想信念教育和思想教育,引导高校毕业生切实转变择业观念,树立科学的就业观和成才观。要完善引导在校大学生基层服务和基层实践体系,积极组织在校大学生到基层开展实习实践、志愿服务、社会公益等活动,增强对国情、社情、民情的了解,自觉把个人理想同国家与社会需要紧密结合起来,激发高校毕业生到基层就业创业的热情。

(3) 加大财政支持。各地要优化和调整财政支出结构,统筹安排使用好人才发展、就业等各方面资金,加大支持力度,引导高校毕业生到基层就业工作。

(4) 加强监督检查。各地区各部门各单位要加强对引导和鼓励高校毕业生到基层工作各项政策落实情况的监督检查,对不落实或者故意拖延落实的,要及时纠正,并依纪依法追究相关人员责任。

（5）开展宣传表彰。加强舆论引导，准确解读相关政策，广泛宣传报道扎根基层、建功立业的优秀高校毕业生典型，营造良好社会氛围。按照有关规定将在基层工作的高校毕业生纳入国家表彰奖励范围，对扎根基层、干事创业、敬业奉献、表现突出或做出重大贡献的高校毕业生适时开展评选表彰。鼓励各地按照有关规定对在基层工作的优秀高校毕业生进行表彰奖励。

高校毕业生是国家宝贵的人才资源。党中央、国务院高度重视高校毕业生就业工作，把基层作为高校毕业生成长成才的重要平台，此文件对引导和鼓励高校毕业生到基层工作提出了明确要求。各地区各有关部门创新政策措施，完善服务保障机制，引导大批高校毕业生到基层工作，有力推动了基层事业发展。

三、成熟与发展：中国特色社会主义进入新时代

（一）关于进一步加强和改进选调生工作的意见

选调优秀大学毕业生到基层培养锻炼，是从源头上培养选拔年轻干部、加强干部队伍建设的一项基础性工作，是培养造就大批适应改革开放和社会主义现代化建设需要的领导人才的一项战略性措施。

近年来，中央、省委高度重视选调生工作，2018年5月6日，中共中央组织部出台《关于进一步加强和改进选调生工作的意见》（组通字〔2018〕17号）[①]，对选调生基层锻炼提出明确要求。在加强改进选调生工作方面，要进一步提高思想认识，加强选调生教育培训，建立健全选调生激励、考核、评价机制，完善选调生实际工作制度。为贯彻落实党的十九大和十九届二中、三中全会精神，进一步做好从高等学校选调应届优秀大学毕业生工作，文件提出了如下几个要点。

---

① 中共中央组织部：《关于进一步加强和改进选调生工作的意见》（组通字〔2018〕17号），新华社，2018年5月6日。

一是要加大选调生工作力度,选调应届优秀大学毕业生到基层培养锻炼,为各级党政机关储备后备力量,补充高素质人才,是党中央着眼干部队伍长远发展实施的一项战略举措。选调生工作面临新形势新要求。一方面,建设高素质专业化干部队伍,需要进一步优化干部队伍来源和结构,大力发现储备年轻干部,注重在基层一线和困难艰苦的地方培养锻炼年轻干部。另一方面,随着经济社会的快速发展和深刻变革,大学毕业生的就业取向和选择日益多样化,干部队伍吸引优秀大学毕业生面临的人才竞争日益激烈。各级组织人事部门要加大选调生工作力度,把更多的优秀大学毕业生吸纳到干部队伍中来,为全面建成社会主义现代化强国、实现中华民族伟大复兴提供干部人才支持。综合考虑干部队伍建设需要和当前工作基础,各地每年选调的应届优秀大学毕业生,一般应占本年度公务员考录计划的10%左右,未达到这一比例的,应逐步增加选调数量。

二是要提高选调生工作质量。选调应届大学毕业生要坚持品学兼优,突出政治标准。选调对象必须有正确的政治立场和政治态度,认真学习习近平新时代中国特色社会主义思想,牢固树立"四个意识"和"四个自信",在思想上、政治上、行动上同以习近平同志为核心的党中央保持高度一致,自觉践行社会主义核心价值观,爱党爱国,有理想抱负和家国情怀,甘于为国家和人民服务奉献;学习成绩优良,作风朴实,诚实守信,吃苦耐劳,身心健康,有较好的人际沟通和语言文字表达能力,优先选调中共党员、优秀学生干部、获得校级以上奖励人员、具有参军入伍经历的大学毕业生。在校期间有违法违纪违规行为、学术不端和道德品行问题的,不得作为选调对象。主要为基层选调的,应结合基层实际设定选调条件,优先选调那些对人民群众有感情、立志于投身基层并能适应基层环境开展工作的优秀毕业生。主要为市级以上机关选调的,应突出强调综合素质和专业能力。边疆民族地区要注重选调少数民族的优秀毕业生。

三是要规范选调生工作的程序。选调工作一般按照发布公告、个人报名、学校推荐、资格审查、统一考试、体检、组织考察、公示、研究确定人选等程序进行。

充分发挥党组织在选调工作中的领导和把关作用,突出"选调"特点,防止以"考"代"选"。高等学校党委要把为党政机关培养和输送优秀人才作为重要职责,有意识地发现和培养一批政治素质高、道德品行好、有志于从事党政工作并有发展潜力的学生骨干,加强宣传引导,鼓励优秀毕业生积极报名,负责任地提出推荐意见。各级组织人事部门要科学制订选调计划,注意与应届大学毕业生就业时间节点相衔接;严格依法依规选调。选调优秀大学毕业生应按照公务员录用有关规定办理。选调生录用考试应纳入公务员统一招考,鼓励探索创新面试方法,根据岗位需要增加专业测试,不断增强考试测评的科学性和人岗匹配度。坚持公开公平公正,主动接受社会监督。选调人选要在适当范围内公示,公示时间不少于5个工作日。要规范选调生的试用转正和任职定级工作,严格执行公务员法及相关法规,除国家政策有特殊规定外,不得取消或缩短试用期,一般不得突破规定任职定级。

四是要推进选调生与大学生"村官"工作衔接。坚持选调生到基层一线和困难艰苦的地方,特别是革命老区、民族地区、边疆地区、贫困地区培养锻炼。选调生一般安排到县(市、区、旗)乡镇(街道)工作,录用后到村任职2年时间,其间不得借调或交流到上级机关,经市级党委组织部门批准,可以有计划地组织他们参加县(市、区、旗)乡镇(街道)集中性工作,但每年不超过3个月。中央和国家机关、省级机关选调的毕业生,在录用后或试用期满后,可结合本单位定点扶贫等工作,到对口的县(市、区、旗)乡镇(街道)进行基层锻炼,时间不少于2年,并至少安排1年时间到村任职,所在单位不得延期选派或提前调回。选调生在村任职期间,履行大学生"村官"有关职责,按照大学生"村官"管理。

五是要强化教育培养,加强选调生教育管理,坚持严管和厚爱结合、激励和约束并重。党委组织部门要对选调生进行基层锻炼岗前培训和在岗培训,给他们提要求、教方法、讲纪律。要强化作风养成,帮助选调生树立正确的世界观、人生观、价值观,增强群众观念和公仆意识,培育良好的从政道德。要强化纪律约束,帮助他们树立规矩意识,规范行为习惯,克服"镀金"思想,摒弃优越感,不搞特殊化,不结小圈子。要选派思想好、作风正、经验丰富的领导干部作为传帮带的责任人,帮助他们熟悉情况、增强本领、锤炼作风。加强基层锻炼考核,考核结果与下一步培养使用挂钩，考核不合格的，不再纳入选调生管理。对政治思想、道德品质、遵纪守法、廉洁自律等方面存在问题的，按规定严肃处理。注重培养与使用相结合。上级机关补充工作人员，应拿出一定比例优先从选调生中遴选。对表现突出的选调生，根据工作需要和个人条件，择优选拔进县（市、区、旗）乡镇（街道）党政领导班子或交流到上级机关和重要岗位。

还需要重视选调生的组织领导，中共中央组织部负责选调生工作的宏观指导，组织实施中央和国家机关选调生招录工作。各省（自治区、直辖市）选调生工作由省级党委组织部门统一组织。市、县党委组织部门要加强选调生的管理。选调生所在单位党组织及组织人事部门要切实负起责任，真正把选调生培养管理工作落到实处。

（二）关于进一步激励广大干部新时代新担当新作为的意见

2018年5月20日，中共中央办公厅下发了《关于进一步激励广大干部新时代新担当新作为的意见》（中办发〔2018〕29号）[①]，进一步激励广大干部新时代新担当新作为提出明确要求。主要包括以下七个方面。

（1）大力教育引导干部担当作为、干事创业。坚持用习近平新时代中国特色社会主义思想武装干部头脑，增强干部信心，增进干部自觉，鼓舞干部斗志。坚持严管和厚爱结合、激励和约束并重，教育引导广大干部不忘初心、牢记使命，强化"四个意识"，坚定"四个自信"，以对党忠诚、为党分忧、为党尽职、为民造福的政治担当，满怀激情地投入新时代中国特色社会主义伟大实践。教育引导广大干部深刻领会新时代、新思想、新矛盾、新目标提出的新要求，以时不我待、只争朝夕、勇立潮头的历史担当，努力改革创新、攻坚克难，不断锐意进取、担当作为。教育引导广大干部不负党和人民重托，以守土有责、守土负责、守土尽责的责任担当，在其位、谋其政、干其事、求其效，努力作出无愧于时代、无愧于

[①] 中共中央办公厅：《关于进一步激励广大干部新时代新担当新作为的意见》（中办发〔2018〕29号），http://www.gov.cn/zhengce/2018-05/20/content_5292263.htm，2018年5月20日。

人民、无愧于历史的业绩。各级领导干部要切实发挥示范表率作用，带头履职尽责，带头担当作为，带头承担责任，一级带着一级干，一级做给一级看，以担当带动担当，以作为促进作为。

（2）鲜明树立重实干重实绩的用人导向。坚持好干部标准，突出信念过硬、政治过硬、责任过硬、能力过硬、作风过硬，大力选拔敢于负责、勇于担当、善于作为、实绩突出的干部。坚持从对党忠诚的高度看待干部是否担当作为，注重从精神状态、作风状况考察政治素质，既看日常工作中的担当，又看大事要事难事中的表现。坚持有为才有位，突出实践实干实效，让那些想干事、能干事、干成事的干部有机会有舞台。坚持全面历史辩证地看待干部，公平公正对待干部，对个性鲜明、坚持原则、敢抓敢管、不怕得罪人的干部，符合条件的要大胆使用。坚持优者上、庸者下、劣者汰，对巡视等工作中发现的贯彻执行党的路线方针政策和决策部署不坚决不全面不到位等问题，组织部门要及时跟进，对不担当不作为的干部，根据具体情节该免职的免职、该调整的调整、该降职的降职，使能上能下成为常态。

（3）充分发挥干部考核评价的激励鞭策作用。适应新时代新任务新要求，完善干部考核评价机制，切实解决干与不干、干多干少、干好干坏一个样的问题。突出对党中央决策部署贯彻执行情况的考核，制定出台党政领导干部考核工作条例，改进年度考核，推进平时考核，构建完整的干部考核工作制度体系。体现差异化要求，合理设置干部考核指标，改进考核方式方法，增强考核的科学性、针对性、可操作性，调动和保护好各区域、各战线、各层级干部的积极性。完善政绩考核，引导干部牢固树立正确政绩观，防止不切实际定目标，切实解决表态多调门高、行动少落实差等突出问题，力戒形式主义、官僚主义。强化考核结果分析运用，将其作为干部选拔任用、评先奖优、问责追责的重要依据，使政治坚定、奋发有为的干部得到褒奖和鼓励，使慢作为、不作为、乱作为的干部受到警醒和惩戒。加强考核结果反馈，引导干部发扬成绩、改进不足，更好忠于职守、担当奉献。

（4）切实为敢于担当的干部撑腰鼓劲。建立健全容错纠错机制，宽容干部在改革创新中的失误错误，把干部在推进改革中因缺乏经验、先行先试出现的失误错误,同明知故犯的违纪违法行为区分开来;把尚无明确限制的探索性试验中的失误错误,同明令禁止后依然我行我素的违纪违法行为区分开来;把为推动发展的无意过失,同为谋取私利的违纪违法行为区分开来。各级党委(党组)及纪检监察机关、组织部门等相关职能部门,要妥善把握事业为上、实事求是、依纪依法、容纠并举等原则,结合动机态度、客观条件、程序方法、性质程度、后果影响以及挽回损失等情况,对干部的失误错误进行综合分析,对该容的大胆容错,不该容的坚决不容。对给予容错的干部,考核考察要客观评价,选拔任用要公正合理。准确把握政策界限,对违纪违法行为必须严肃查处,防止混淆问题性质,拿容错当"保护伞",搞纪律"松绑",确保容错在纪律红线、法律底线内进行。坚持有错必纠、有过必改,对苗头性、倾向性问题早发现早纠正,对失误错误及时采取补救措施,帮助干部汲取教训、改进提高,让他们放下包袱、轻装上阵。严肃查处诬告陷害行为,及时为受到不实反映的干部澄清正名、消除顾虑,引导干部争当改革的促进派、实干家,专心致志为党和人民干事创业、建功立业。

(5)着力增强干部适应新时代发展要求的本领能力。按照建设高素质专业化干部队伍要求,强化能力培训和实践锻炼,提高专业思维和专业素养,涵养干部担当作为的底气和勇气。加强专业知识、专业能力培训,促使广大干部全面提高学习本领、政治领导本领、改革创新本领、科学发展本领、依法执政本领、群众工作本领、狠抓落实本领、驾驭风险本领。注重培养专业作风、专业精神,引导广大干部坚持理论联系实际,干一行爱一行、钻一行精一行、管一行像一行。突出精准化和实效性,围绕贯彻落实新发展理念、推动高质量发展和建设现代化经济体系、推进供给侧结构性改革、打好三大攻坚战等一系列重大战略部署,帮助干部弥补知识弱项、能力短板、经验盲区,全面提高适应新时代、实现新目标、落实新部署的能力。优化干部成长路径,注重在基层一线和困难艰苦地区培养锻炼,让干部在实践中砥砺品质、增长才干。

(6)满怀热情关心关爱干部。坚持严格管理和关心信任相统一,政治上激励、工作上支持、待遇上保障、心理上关怀,增强干部的荣誉感、归属感、获得感。完善和落实谈心谈话制度,注重围绕深化党和国家机构改革等重大任务做好思想政治工作，及时为干部释疑解惑、加油鼓劲。健全干部待遇激励保障制度体系，完善机关事业单位基本工资标准调整机制，实施地区附加津贴制度，完善公务员奖金制度，推进公务员职务与职级并行制度，健全党和国家功勋荣誉表彰制度，做好平时激励、专项表彰奖励工作，落实体检、休假等制度，关注心理健康，丰富文体生活，保证正常福利，保障合法权益。要给基层干部特别是工作在困难艰苦地区和战斗在脱贫攻坚第一线的干部更多理解和支持，主动排忧解难，在政策、待遇等方面给予倾斜，让他们安心、安身、安业，更好履职奉献。

（7）凝聚形成创新创业的强大合力。各级党组织要深刻把握新时代新使命新征程，切实增强政治领导力、思想引领力、群众组织力、社会号召力，大力弘扬中华民族的伟大创造精神、伟大奋斗精神、伟大团结精神、伟大梦想精神，让广大干部聪明才智充分涌流，让各类人才创造活力竞相迸发，形成锐意改革、攻坚克难的良好社会风尚。加强科学统筹，制定和执行政策坚持具体问题具体分析，坚持分类指导、精准施策，充分发挥政策的激励引导和保障支持作用。大兴调查研究之风，尊重基层首创精神，鼓励基层结合实际探索创新，充分调动干事创业的积极性。加强党内政治文化建设，弘扬忠诚老实、公道正派、实事求是、清正廉洁等价值观，引导干部自觉践行"三严三实"，不断增强政治定力、纪律定力、道德定力、抵腐定力，习惯在受监督和约束的环境中工作生活。加强舆论引导，坚持激浊扬清，注重保护干部声誉，维护干部队伍形象。大力宣传改革创新、干事创业的先进典型，激励广大干部见贤思齐、奋发有为，撸起袖子加油干，奋力谱写社会主义现代化新征程的壮丽篇章。

该文件深入贯彻习近平新时代中国特色社会主义思想和党的十九大精神，对建立激励机制和容错纠错机制，进一步激励广大干部新时代新担当新作为提出明确要求。该文件的制定实施，对充分调动和激发干部队伍的积极性、主动性、创造性，教育引导广大干部为决胜全面建成小康社会、夺取新时代中国特色社会主义伟大胜利、实现中华民族伟大复兴的中国梦不懈奋斗，具有十分重要的意义。

(三)关于建立健全城乡融合发展体制机制和政策体系的意见

2019年4月15日,中共中央、国务院下发了《关于建立健全城乡融合发展体制机制和政策体系的意见》(中发〔2019〕12号)。其中文件强调建立健全城乡融合发展体制机制和政策体系,是党的十九大作出的重大决策部署。改革开放特别是党的十八大以来,我国在统筹城乡发展、推进新型城镇化方面取得了显著进展,但城乡要素流动不顺畅、公共资源配置不合理等问题依然突出,影响城乡融合发展的体制机制障碍尚未根本消除。

文件针对如何重塑新型城乡关系,走城乡融合发展之路,促进乡村振兴和农业农村现代化,分别从五个方面提出了几点意见。其中第五条意见指出要建立城市人才入乡激励机制。制定财政、金融、社会保障等激励政策,吸引各类人才返乡入乡创业。鼓励原籍普通高校和职业院校毕业生、外出农民工及经商人员回乡创业兴业。推进大学生"村官"与选调生工作衔接,鼓励引导高校毕业生到村任职、扎根基层、发挥作用。建立选派第一书记工作长效机制,建立城乡人才合作交流机制等。引导规划、建筑、园林等设计人员入乡。允许农村集体经济组织探索人才加入机制,吸引人才、留住人才。要建立城乡教育资源均衡配置机制。鼓励省级政府建立统筹规划、统一选拔的乡村教师补充机制,为乡村学校输送优秀高校毕业生。推动教师资源向乡村倾斜,通过稳步提高待遇等措施增强乡村教师岗位吸引力。

新时代高校选调生
教育培养问题研究

一、新时代高校选调生工作的现状与问题

（一）高校选调生工作现状

21世纪以来，随着选调生队伍的比较优势不断彰显，选调生队伍在基层的认可度不断提升，近五年来从中央到地方都越发重视选调生的选拔培养工作。高校作为选调生选拔的第一站，在选调生初期选拔培养方面的重要作用不言而喻。近些年来，高校选调生的人数逐年攀升，高校也响应中央号召，高度重视选调生工作，引导更多毕业生到基层就业，服务国家发展战略需要，扎根基层、服务人民。同时加强对选调生的培养教育，不断为各级党政机关输送高质量的人才。目前高校选调生工作主要涉及以下两个方面。

1.选调生的培养教育与考察筛选

高校选调生的考察筛选工作需要对报名参加的学生进行初步考察，对于思想政治素质好，坚决拥护党的路线方针政策，政治上积极要求进步，有志于从事党政管理工作，遵纪守法、学习成绩优良或工作表现良好、发展潜力大的同学予以优先推荐。同时还对选调生提出了以下要求：具有一定的社会实践能力、组织协调能力、口头和文字表达能力；勤奋敬业，勇于创新，乐于奉献，安心工作；作风正派，品行良好，群众观念强等。选调生考察筛选工作具有复杂性和不确定性，对高校选调生工作提出了较高的要求。高校需要对有志做选调生的同学争取见习和实践锻炼以及有针对性的培训活动，让选调生提早适应基层工作。对于选调生的培养还需要涉及"公文写作能力""沟通及处理人际关系能力"及"组织协调能力"等方面。帮助他们提升软实力，对于所有选调生都必须学习掌握的知识技能进行全方位的考察。同时要适应新时期基层党政管理工作的需要，引导被选录的选调生学习选调生必需的管理知识、专项业务知识和基础人

文知识。做到对选调生的全面系统的培养,为国家党政机关输送高质量的人才。

2.选调生的跟踪调研

高校需要做好已经工作选调生的回访工作,对于已经参加工作的选调生,关心他们在工作中的问题,建立高校选调生跟踪帮扶小组,及时反馈并给予帮助,关心选调生在以后的发展过程中的各种关键问题,追踪选调生的成长轨迹,关注选调生对于选调生工作是否满意,对未来的选调生工作的规划等。不同的高校在选调生的跟踪调研方面的工作进展不同,而跟踪调研对于更好地开展选调生工作,及时地纠正选调生工作的不足之处有重要意义。

（二）当前高校选调生工作存在的主要问题及原因剖析

选调生工作为国家培养了一大批具备行政素养的优秀领导干部,但从运行情况看还存在一些问题,这些问题阻碍着选调生工作的进一步深化拓展。

1.存在的主要问题

（1）高校选调生宣传工作不充分。随着科技的进步,我们已进入信息时代,信息的传播方式、途径越来越多。更完善的宣传工作可以调动学生积极性,使学生们以最大的程度参与到与自己息息相关的工作中来。选调生被部分高校毕业生作为就业失败的一个选项①,反映出部分毕业生对选调生还没有充分的认识和合理的规划,盲目地将选调生作为自己的毕业选择是很不理智的。所以,选调生的宣传工作落实到每一个学生还有很大的提升空间。只有每一个学生都了解选调生,才能做出更好的人生规划,高校可以更好地发挥选拔培育优秀人才的作用。

---

① 汪卫平,牛新春,郑雅君:"为什么要去做定向选调生?——基于某'双一流'建设高校毕业生的质性研究",载于《中国高教研究》,2020年第8期,第78-84页。

（2）选调生素质参差不齐，基本素养仍需加强。选调生是为党政机关提供后备干部而建立的一种干部人事制度。因此对选调生的各方面要求需要严格把关，选调生的素养直接关系我国继续建设中国特色社会主义道路过程中领导干部集体的素养。随着新时代的到来，深化发展对我国未来领导干部集体的能力也需要进一步提高。当前，选调生的素养仍然无法满足日新月异的时代发展需求，仍有许多需要改进的地方。当今社会对党和政府的领导集体的各个方面建设提出了更加全面的要求，如思想政治素养、工作能力水平、科学文化水平、人际交往能力、道德品格水平、环境适应能力、心理健康状态等。现今的选调生仍然没有为基层工作及未来可能的领导工作做好职业准备。

（3）高校选调生培养锻炼机制不完善。选调生入职后多在农村与社区，这些地方是社会的基层，也是党和国家各项工作的落脚点，选调生作为党和人民群众的联系纽带发挥着重要作用。随着政府社会管理和公共服务职能突显，基层干部的工作越来越多，内容越来越细致，实践起来越来越困难。这对高校选调生工作提出了更高的要求，高校选调生培养锻炼机制需要进一步地完善和加强，高校选调生需要进入各地基层进行服务工作，对于他们的基层工作能力有较高的要求，高校选调生工作若能加强培养锻炼机制，对于选调生更好地开展工作会有很大的帮助。

（4）高校选调生教育工作待完善。中国特色社会主义进入新时代，在新时期国家发展模式和战略要求下，国家的基层工作也发生了很大的变化，国家更需要有综合能力的复合型人才。对复合型人才的高需求与现存的人才缺口形成了鲜明对比。国家对选调生的需求表现为：国家急需具有多学科背景，既有理论知识，又有实践能力的复合型人才。高校承担着这一重要任务，要求高校不仅要在学业上对选调生进行严格把关，也要提高选调生实践能力。同时高校选调生培养教育也要注意选调生的动机，选调生作为学生诸多就业选项中的一项，要在培养教育中让学生明白，选择选调生并不是符合硬性条件就可以，更要注重自己选择选调生的动机，对于不同的选择动机是否可以激励他们在选调生工作领域的坚持热爱，避免盲目跟风与错误的选择对学生的就业和人生造成影响。

2. 问题的根源

（1）培养目标不明确。培养目标和国家基层岗位需要以及毕业生的实际工作都产生了脱节，在原培养目标下选拔培养出来的选调生人才自然满足不了社会的需要，社会各方对选调生质量的关注以及质疑也就在情理之中。由于高校选调生工作与各地党委组织部的要求不尽相同，各地对于选调生的要求也不一致，导致高校选调生工作无法细化，只能进行初步的教育考察与筛选。对于不同专业的选调生，以后可能从事的工作也不一致，对高校选调生工作提出了更高的要求。

（2）相关制度不够完善。制度建设是选调生管理的一个极其重要的部分，各项工作的规范化管理水平则直接体现在制度的建设上，高校需要科学的合理完善的选调生制度。尽管选调生制度由来已久，国家也实际出台了一系列的选调生工作文件，但是相关的详细的政策文件还在进一步地完善，相关的政策文件也存在一定的偏差，各地选调生的制度也不一致，对高校选调生工作也有一定的影响。尽管各地高校选调生工作都取得了一定的成绩，但是选调生工作形成系统完善的工作制度还需要一定时间，与高校选调生工作有关的指导意见或政策文件还需要进一步地出台与完善。

（3）没有深入的理论研究。理论研究从规律上预见了实践发展的过程和结果，又在具体的实践中进行指导，所以科学理论对实践有巨大指导作用。理论研究对高校选调生工作的意义同样重要，高校选调生工作如果没有合适的理论作为指导，会导致高校选调生工作存在各种不足之处。高校选调生工作进程中需要形成自己的理论，在实践中不断地检验理论的正确性和及时地更新理论。

（4）选调生发展空间与发展渠道不完善。选调生制度是一种干部人事制度，培养的是后备干部人选，一般情况下发展空间要相对更广，发展渠道相对更多。但是，实际情况却并非如此，升迁机会相对而言并没有优势。现今，基层公务人员人数基数较大，升迁、定级机会相对而言却比较少，而选调生与其他非选调生公务人员的培养、升迁体系没有明显的独立性，这些因素导致选调生发展空间不足，产生较严重的积压情况，动摇了选调生的发展积极性，影响选调生日常工作，进而影响整个基层建设工作，充足的发展空间和完善的发展渠道对选调生发挥着充分的激励作用。

二、高校选调生教育培养的基本思路与路径探索

依据国家对选调生的政策要求，响应国家对选调生的服务政策，高校加强对选调生工作的重视，对入选选调生项目的应届毕业生，做好理想教育和廉洁教育，扣好人生的第一粒扣子，为他们指明人生的方向：一辈子坚定理想，一辈子加强学习，一辈子为民服务，一辈子真抓实干，一辈子洁身自好。高校选调生队伍不断增加，选调生工作也需要不断完善。根据我国高校选调生工作等文件精神，提出高校选调生工作的意见建议有以下六点。

第一点：建立科学的高校选调生服务体系

选调生就业服务工作不仅是学校就业部门的工作[①]，也是党和国家后备人才工作中重要的一环，对完善和优化高校基层公共部门人才布局有着重要意义。构建全校各单位之间多级联动，从宣传到组织，从培养到选拔，从实践到服务，切实为选调生建立健全科学的工作体系。高校建立有效的服务体系，从校级组织到学院二级机构，从高校相关负责机构到各省党委组织部建立联系，更好地方便学生了解选调生的工作性质、工作内容、工作走向等关键信息，同时也为有志选调生的学生提供更好的服务。从选调生开始培育到顺利工作再到工作反馈，不断优化选调生的服务体系。除了在校党委组织部与各地区组织建立联络工作外，在学校各级组织中也应将选调生就业服务工作常态化，各级党委宣传部要持续深入宣传选调生相关的政策，大力宣传典型人物。同时也应努力加强学生的就业观教育和推进选调生实习实训、实践基地的建设。学生就业指导与服务中心要广泛利用各种资源，积极为有意愿做选调生的同学提供针对性的指导和服

---

① 周琪："优化高校选调生就业服务工作机制与对策研究——以W大学为例"，载于《中国大学生就业》，2018年第19期，第34—40页。

务,各院系要加强学生的思政教育和宣传引导,帮助毕业生树立正确的就业观,将个人的发展与国家的需求紧密结合。只有高校内部上下共同努力,才能保证高校选调生就业服务工作有序发展。

第二点:强化高校选调生工作的宣传动员

选调生宣传动员作为高校选调生工作中一项基础的工作而显得尤为重要。高校在选调生的宣传普及方面需要做到以下内容:选调生的基本概念、我国选调生政策的发展历程、选调生的类型、各省份的选调生政策与程序以及调研地区选调生校友等情况,同时需要对有选调生倾向的同学做好答疑等服务工作。做到人人了解选调生工作的内容、发展方向与面临的问题,让学生在充分了解的情况下去决定是否适合选调生工作,避免了因为不了解而错失选调生这个机会,也避免误入选调生工作而后悔。

高校应加大对选调生工作的宣传,既要加强选调生讲座、面对面的答疑、发放传单小册子、手提袋、文化衫、宣传片等传统的宣传方式,也要积极利用网络优势,利用学校官方网站的信息推送,微博、微信的知识推送,举办网络答疑,线上为同学们解答选调生方面的困惑。同时,宣传工作应该贯穿学生在校的所有时期,从新生入学军训到社会实践,从课题教学到理论实践,在日常的思政教育工作中有所体现。①利用军训契机,鼓励学生艰苦训练,强调高校人才培养目标,引导学生们向部队教官学习,涵养家国情怀,树立到基层、到祖国最需要的地方去建功立业的理想。②在新生入学教育中,详细介绍学院近年来从事选调生工作的优秀毕业生事迹,鼓励学生们提前了解、早做准备,引导学生将把个人优势和志趣与祖国发展紧紧相连的选调生作为榜样。③毕业生就业动员会上,帮助毕业生分析就业形势和国家政策,讲解各地选调生招录政策,介绍学校选调生录取情况。④对部分有志于选调生工作的优秀学生、学校进行早期引导,重点培养。

第三点:优化高校选调生教育机制

高校选调生的教育①,不仅要加强思想上的引导,也要鼓励学生在社

---

① 杜亚男,奚佳梦:"'双一流'背景下大学生选调生培育路径浅析",载于《高校学生工作研究》,2018年第1期,第120–125页。

会实践中切身体会选调生工作的实质,例如社会实践中走进基层组织志愿服务,切身体会服务他人,贡献社会。有组织地参观纪念基地,了解过去屈辱落后的历史,树立扎根基层,从小事做起,从百姓做起的服务观念。同时高校也可以依托校党委组织部与各地组织部门和用人单位建立联系,建立"选调生资源库",加强与各地区党委组织部门的合作,为有志选调的学生争取实习实践的机会。在社会实践的过程中充分培养学生的政治意识和服务意识。有组织地让有志选调的学生深入农村、企业和社区,了解和熟悉基层的基本特点,增加大学生对基层工作经验的积累,提高综合能力,实现全面发展。高校也可以成立与之相关的学生社团,定期举办专题讲座、技能训练、工作研讨等,可以邀请政府部门的工作人员及校友给学生们做讲座,做好选调生的回校交流和在校生的引领和教育。邀请他们为在校生做面对面交流。指导学生们做好相关准备,为今后从事选调生事业做心理上和行动上的准备。

第四点:改进高校选调生选拔机制

高校应构建科学的选调生选拔机制,丰富选拔方式,可以综合运用情景模拟测评法、实地调研测评法、实务处置测评法、心理素质测试法来测评选拔对象的应变能力、分析能力以及人际能力。同时定期开展总结报告会等方式,既为高校提供了选调生选拔的依据,又为选调生提供了展现自我的平台,使选拔选调生工作形成主动、积极的良好氛围。除了创新选拔机制外,现行的高校选拔机制不应该简单化、短期化,力求具体化,长期化。高校应该提前做好考察准备,高校负责学生的思想政治教育和日常管理工作,这为高校选拔高素质选调生人才工作做了很好的铺垫作用。高校可以提前做好人才储备,对于思想政治良好,作风优良,学习成绩与社会实践表现优异的学生进行进一步的培养,不仅可以提高学生的积极性与整体的素质,还可以起到宣传普及选调生知识的作用,方便学生对选调生工作有更多了解,为选调生的选拔标准提供参考。做好高校选调生选拔的长期化、具体化,为各地输送更为优秀的选调生人才,同时也为高校学生正确地选择就业方向,更好地开展工作、服务百姓打下坚实的基础。

第五点：做好高校选调生引陪工作

做好选调生的引陪工作①，邀请已经工作的选调生校友回校作报告，校友结合基层实际工作经验，为有志参加选调生工作的学生进行答疑解惑，更好地让学生接触到真实的选调生生活。提前做好选调生的心理准备，对可能遇到困难和需要学习的技能有更深刻的理解，促使学生提前做好相关准备。高校为有志于报考选调生的学生举办政策解读、报名材料准备、笔试指导和面试辅导等训练，帮助他们做好更充分的准备。邀请青年校友为学生们进行笔试面试辅导，并进行模拟面试。学校积极推荐和动员报名学生参加学校的公文写作、模拟面试培训。进一步发挥榜样的作用，将高校选调生工作做实做强。学校回访近三年毕业的选调生校友，做成访谈视频与访谈稿，并宣传访谈过程，传播选调生校友在基层奋斗的青春故事，分享选调生的宝贵经验。

第六点：为高校选调生提供个性化服务

高校高度重视选调生工作，以高度的政治责任感和使命感，本着为学生负责的态度，全力做好选调生的个性化服务工作，认真落实学校的指导意见，多措并举，多方努力，让更多的优秀学子充实到选调生队伍中。高校选调生人数逐年增高，越来越多的有志青年加入选调生队伍。高校选调生在实际走向工作岗位后，面临着许多问题，对高校选调生工作提出了更多的要求，如何才能更好地做好选调生工作，需要对不同专业的选调生、不同地区的选调生、不同任职的选调生进行更为精确的跟踪服务。对选调生校友存在的共性和个别问题做好统计记录，并回顾高校选调生的工作内容，是否可以为现行的工作提供有益的参考，并以此为依据不断地改进工作内容，不断地为学生提供高质量的服务，为学生更好地适应选调生工作或是做出合适的选择提供帮助，为各地党委组织部提供更好的选调生生源。

---

① 张云飞："新时期高校选调生培养路径探索——以浙江大学生工食品学院为例"，载于《创新创业理论研究与实践》，2019年第3期，第135—136页。

三、高校选调生工作审查流程参考

高校选调生资格审查流程：

第一步：登录学校选调生招录公告发布平台，了解相关招录信息。

1.高校毕业生就业信息网

2.高校党委组织部网站

第二步：根据选调省份安排和要求准备相关证明材料。包括党员证明、学历学位证明、成绩单、学生干部证明、奖励证明以及报名表中填写的所有获奖和任职情况等材料，需携带原件及复印件各一份。

第三步：党支部根据学生本人（政治信仰、思想品德、学术诚信等）为选调生出具《高校二级单位党支部审查/审议情况报告表》，本科生或非党员由辅导员和学生工作办公室出具。

第四步：填写《高校选调生资格审核情况表》，将证明材料（第二步中原件及复印件各一份）和《高校选调生资格审核情况表》送至党委办公室，审查证明材料。

第五步：在党委办公室盖二级党组织印章，而后由辅导员或学生本人送交学校就业指导部门，审查盖章后，将第二步中的证明材料复印件送回党委办公室备案。

高校二级单位党支部审查/审议情况报告表

审查/审议主题					
党支部名称					
审查/审议结论	（　）同意　（　）不同意　其他意见_____（复制用"√"）				
审查/审议形式	（　）党员大会　　（　）支委会 （　）党员群众　　（　）学生工作办公室			审议时间	年　月　日
个人情况	姓名		性别		出生年月	
	民族		政治面貌		教工职称/学生职务	
	最高学历/学位		宗教信仰		原工作单位 （非引进人员不填）	
	何时、何地因何原因受过何种奖励或处分					
	本人历史上有无问题？是否经过审查？结论如何					
	直系亲属和与本人关系密切的主要社会关系历史上有无问题？是否经过审查？结论如何					
	个人情况说明（含政治信仰、思想品德、师德师风、学术情况、廉洁自律情况等）	本人承诺以上内容属实，如有隐藏或不实，本人自愿承担相关责任。 本人签字： 年　月　日				
支部考察	党支部意见（含政治信仰、思想品德、师德师风、学术情况、廉洁自律情况等）	党支部（辅导员）书记签字： 年　月　日				
备注	1.请支部审查/审议后复印留档备案（粘贴至支部记录本，并做好相关记录）。 2.此表原件请送至党委办公室。 3.本科生非党员请辅导员签字。					

选调生推荐人选资格审查表（辽宁省为例）

姓名			性别		政治面貌	
所在学部（院）						
资格条件审查情况	序号	资格条件			是否符合	
	1	党员身份				
	2	在我校就读期间，担任班级委员及以上职务一年以上情况				
	3	在我校就读期间，获得校级以上表彰奖励情况				
	4	参军入伍情况				
	5	各学历阶段未挂科证明				
经审核，该生符合申报××××年度辽宁省选调生资格条件，同意推荐。 选调生资格审查人员： （二级党组织印章） 年 月 日						
备注						

四、高校选调生面试真题与备考技巧

（一）高校选调生面试真题节选

1. 天津选调生面试真题

（1）目前我国经济发展速度很快，国内出现了贫富差距过大，资源分布不均衡的现象，对此你怎么看？（2015）

提出观点：结合现状阐述其可能带来的危害（收入差距全方位增大；城乡之间的差距明显；不同地区之间的差距日益增加；交易收益率的提高使得人与人之间的差距不断扩大；竞争部门和垄断部门之间的收入差距不断扩大）；

论证观点：影响（继续扩大会导致社会安定性降低、政治稳定性下降、经济无法可持续发展等），原因（制度上的不完善，包括经济、税收、社会等，以及城乡二元经济结构等）；

落实观点：提低、扩中、调高、保困、打非。

（2）现在我国实行公车改革，你单位是先期试点单位，领导把此次单位公车改革的任务交给你，你准备采取什么措施去落实？（2015）

破题表态：减轻财政负担、减少公车私用及浪费现象、转变作风等。

具体措施：认真研究公车制度改革方案，学习相关指导意见；调查了解本单位公车使用情况；明确车辆保修范围；选择确定评估机构、拍卖公司等；制定并执行日常车辆管理办法。

（3）手握紧杯子的时间越长越容易掉，以此为启示发表演讲。（2015）

主题：压力（可结合放下、面对、乐观、勇敢、坚持等）。

（4）你负责单位考勤工作，单位有部分同事由于送孩子上学或者其他原因迟到，你如实上报，那些同事对你怀恨在心，去领导那儿打你的小报告，你怎么办？（2015）

破题表态：阐明考勤对于工作的重要意义，兼顾工作的原则性及灵活性。

措施：对同事的情况表示理解；对领导进行解释说明；进一步强调考勤的意义，对个别同事进行劝解，争取拉近彼此的距离。

（5）春节过后，有些领导干部擅自延长假期，推迟上班，经查被撤职，谈谈你的看法？（2013）

春节是中华民族的传统节日，在我们心中代表着幸福团圆。同时，它也是我们国家的法定节日。虽然有些领导干部擅自延长假期，推迟上班是为了有更多时间和家人团聚，但是规定是不可违背的，为祖国服务也是为了小家能有更好的生活。虽然在一些人看来经查被撤职有些不近人情，但是我们要认识到，没有规矩不成方圆。只有在规则规定的范围内活动才是正确的，才能保证所有人按照规则做事做人，才能保证社会和谐发展。就像我们的依法治国，法就是规则，在法律规定的范围内行使自己的权利会受到保护，一旦超出范围，侵犯他人的利益，就要受到惩罚。没有规则，我们的社会将是一片混乱。社会不稳定，国家如何能繁荣昌盛？我们的家庭又怎么可能幸福美满？所以不管是个人还是单位，都要遵守规则，这样才能得到长足的发展。

（6）某学校将对外公用的篮球场加锁，引来群众强烈不满，你是学校的主管部门，领导让你解决此事，你怎么做？（2013）

既然是对外用的，加锁引起群众的不满也在意料之中。作为学校方出面解决问题的你，面对群众的不满要有充分的耐心，不能激化矛盾。首先，双方要心平气和地坐在一起，交流一下彼此的意见；其次，通过沟通获得彼此的理解和支持，对于存在的问题，可以制定一个双方都认可的守则，既不损害群众使用篮球场的权利，也给监管方的学校提供一些保障；最后，根据守则承担各自应尽的义务，相信问题能够得到妥善解决。

（7）人生会经历很多考试，从小学到中学再到大学乃至研究生、博士，再到后来的就业，每一步的成长都伴随着无数的考试，请你以考试为话题，自拟题目。（2013）

考试对于考生来说再熟悉不过，作答面试题目也是一种考试形式，所以考生现在最有发言权。考试只是选拔人才的一种形式，并不是绝对的，不能因为考试的失败就给一个人下最终的判决。社会的发展需要各种人才，通过各种考试能够选拔出适合社会不同领域的人才。考试同时是一种淘汰的制度，我们不可避免地置身其中。它虽然残酷，但是相信只要自己有着坚定的目标，就不会被打垮，而且会在一次次的考试竞争中变得越来越强大。

（8）中央提倡"厉行节约"，如果让你去做一个关于这方面的采访调查，面对农民、政府官员和大学生分别做一个开场白。（2013）

要从三个不同角色出发，准备开场白，那么就要从各个角色的不同认知和理解出发进行准备。农民认为反对浪费就是所有人都能够珍惜他们辛勤种植出的每一粒粮食；政府官员认为反对浪费就是不讲究面子工程，踏实为老百姓做实事；大学生认为反对浪费就是不与他人攀比、不铺张浪费，朴实勤恳，努力学习，报效祖国。

2. 浙江省定向选调生面试真题

（1）有人说"有为才有位"。有人说"有位才有为"，你怎么看？（面向名校 2019）

"有为"是指有所作为，有所成就，"有位"是指有一定的社会地位，取得应有的位置。前一句就是说一个人要有所作为才能够拥有自己的位置，获得社会地位。不努力就没办法获得回报，所以这句话说的有道理。后一句说的是处在一定位置上才能有所作为，很多人可能有才能，但是因为没有地位，没有权力，所以没办法施展抱负，没办法成就自我。因此，这句话也是有道理的。

两句话都有道理的情况下，就要去探究两者之间的联系，不难发现，"为"和"位"是相辅相成、相得益彰的，如图1所示。

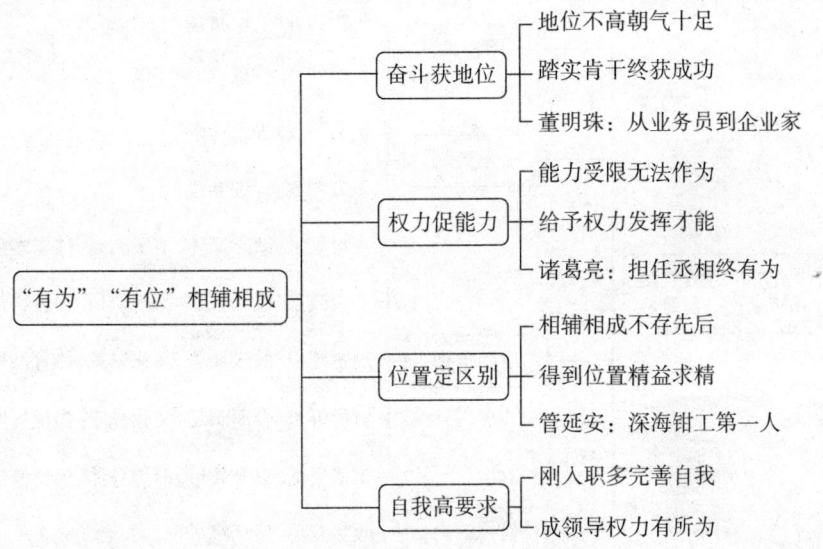

图1 "有为"和"有位"之间的关系

（2）你作为新到的村委第一书记，为了执行省里号召开展文体活动的决定，准备在村文化礼堂开展文体活动，但是村民张某占着村文化礼堂不让用，你要怎么劝说他？请情景模拟。（2019）

这里一开始主要给我们交代自身身份为刚刚到任的领导，一方面说明我们对村内各项工作可能还不是非常熟悉，另一方面则要求我们要认识到自身的责任与义务，协调好村内的人际关系以及场地使用等方面的工作，将题干中的矛盾具体解决。

题干明确了此次工作的背景是上级要求，因此我们要考虑上级为什么要这样要求。一般的文体活动形式主要有文艺活动如唱歌、跳舞、书画等，或体育活动诸如拔河、跳绳、象棋等，与乡村生活贴近的如扭秧歌、山歌、舞龙舞狮等。因此，文体活动既可以丰富村民的生活，同时也可以增强村民的凝聚力，可谓一举两得，要予以重视。

张某不让用礼堂为本题的主要矛盾，题干并没有直接说明原因，因此结合上文可以合理假设为不了解上级政策、不清楚使用意义等，并需要根据具体的假设情况有针对性地劝说张某理解并支持我们的工作。在劝说的过程中要注意沟通的语气，从情、理、利等不同角度展开论述。

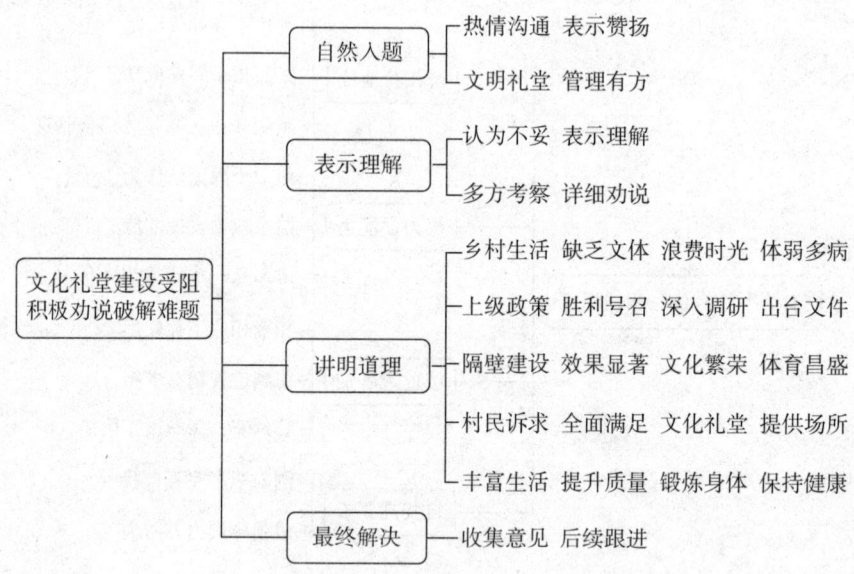

图 2　回答此类问题的思维导图

（3）请根据漫画内容发表一篇演讲。（2020）

漫画是两个人面对同样一瓶水掉在地上的情况的不同反应。就如漫画所标注的，两个人一个是乐观的心态，一个则是悲观的心态。对于我们而言，显然保持一个乐观的心态才是正确的处世原则，所以答题可以围绕着乐观心态，或者是良好心态来谈。比如，开篇可以对漫画进行简单解读，接着引出论点是：良好心态很重要，进而对良好心态的重要性进行论述，比如良好心态有利于处世，良好心态有利于保持希望，有利于走向成功等。结尾回扣主题，强调自己未来要拥有良好心态，方能走出属于自己的天地。

因为根据漫画内容发表演讲，所以在开头要提炼出你的论点是良好心态很重要。既然是演讲题，注意要起一个标题。根据本题解析的思路就围绕着良好心态带来的好处展开即可，所以命名可以说《良好心态成就人生》。

3. 山东省选调生面试真题

（1）作为一位即将入职的基层工作者，针对"接诉即办"，你怎么看？（2020）

"接诉即办"是北京市以"12345"市民服务热线为主渠道的群众诉求快速响应机制。其集中受理市民群众的诉求，如果能够明显判断诉求所属的管辖权，就直接派给对应的街乡镇。对于群众的诉求，基层组织要第一时间回应并尽力解决，做到闻风而动、全时响应、"接诉即办"，切实打通服务群众的"最后一公里"、畅通听民声解民困的"开头一分钟"。

实现"接诉即办"，是提高民生水平、切实增强群众幸福感安全感的应有之举，也是直面社会主要矛盾转化、努力满足人民群众的美好生活需要的务实之举，更是提高基层治理水平、推动国家治理体系和治理能力现代化的改革创新之举。

为此，作为一位即将入职的基层工作者，应该抓住改革创新的新机遇，以"接诉即办"为突破口，改进工作作风，提高工作能力，把群众的诉求解决到位，用心解决每一个问题，努力突破一个个难点，争取干一件成一件，用实干取得人民的信任，为人民谋福祉。

一方面，消除形式主义，改进工作作风。作为基层工作者，要结合"基层减负年"、规范督查考核、"放管服"改革等工作，集中改进形式主义、官僚主义和不正之风，以低姿态深入到群众当中，把工作做到实处。化"被动"为"主动",围绕群众最关心、最焦心的问题,提前做好谋划,主动开展工作,凡事想在前头、走在前列、干在实处,提高基层治理能力,避免陷入"被动应付""疲于奔命"的恶性循环。

另一方面,适应新时代,主动到各项事务上锻炼自己,提高工作能力。基层工作者必须练就真功夫、硬本领,遇事多同群众商量,牢记"事不避难,义不逃责"的使命,承担起自己的责任,稳步扎实地推进工作。要立足于治理的高度、服务的本分,耐心地和群众沟通,以积极的姿态、有力的举措回应解决群众的诉求,多听改善民生的建议,多行解决民忧的举措,多做温暖民心的事情,不断提高凝聚力、公信力、执行力,真正承担起服务群众、报效国家的历史使命。

"利民之事,丝发必兴;厉民之事,毫末必去。"群众利益无小事,我们既然接受了党和人民赋予的责任,就要始终对党保持忠诚、对人民怀有赤诚、对事业充满热忱,任好职、尽好责,用实干创造美好生活。

(2)村支书在村里推行一些便民服务中心等惠民政策,但是老百姓积极性不高,你会怎么为村支书支招?(2020)

要让惠民政策最终能够为民所用、为民所享,离不开基层干部对政策的层层分解、剖析和坚定不移的贯彻落实。出现题目中这种情况,我会先劝解村支书,问题不在于惠民政策推行的初衷不好,排解村支书的压力,然后共同反思政策推行过程中存在的问题,找到老百姓积极性不高的原因,对症下药。

第一,有可能是政策传导的深入性不够,群众不了解这些惠民政策,不知道自身能从中获得什么益处。对此,一方面,可以加大惠民政策宣传力度、扩大受众群体,可以在村里的宣传栏、文化长廊等区域,以海报、板报等形式对惠民政策的目的、实行方式、具体效果等做出图文并茂的详细解读,利用学生放假、外出打工人员回家等农民群众比较集中的机会,举办惠民政策讲座,进行广泛宣传。另一方面,要注意采用利于群众接受的宣传方式。可以利用村里开展宣讲会、文化活动的机会,将这些内容编成群众喜闻乐见的顺口溜、快板等形式,向群众普及;也可以由对惠民政策了解较多的村民与村干部一起组成宣讲小队,进入田间地头、各家各户进行深入宣传,解答群众的疑惑,争取让惠民政策家喻户晓、深入人心。

第二，有可能是在落实政策的过程中，出现了一些偏差，好事情没有办到群众的心坎里去。对此，我们要充分考虑群众的实际困难，同群众商量、从群众那里找方法。村支书可以带领村干部多到群众中间去走访了解群众的生活实际和所期所盼，由此确定政策落实的细节。同时，要形成长效的干群互动机制，让群众有渠道发表意见、诉求，可以利用院坝会和村里的一些自治组织如理事会等，收集群众的意见，并结合工作中的实际问题及时整改，将结果公之于众，接受群众的监督评议。群众的参与感强了，积极性自然就高了。

第三，有可能是部分工作人员在落实惠民政策的过程中，为民服务的态度不够端正，引起了群众的反感。对此，可以由村干部和村民共同成立专项检查小组，对惠民政策落实情况进行定期检查，鼓励村民通过电话、微信等形式，向村支书反馈问题，如果出现损害群众利益的行为，要严格追究其责任。

相信通过规范化运作，一定能保证惠民政策在执行过程中不缩水、不变质，真正落到实处，让真正需要帮助的群众得到实惠，老百姓的日子也一定会越来越好。

（3）作为基层干部，没有帮群众解决群众最关切的实际问题，被群众吐槽，谈谈你的认识。（2020）

如今，部分基层干部虽然身在基层，却很少与群众接触，没有解决群众最关切的实际问题。基层干部"身在基层却背对基层"的类似现象引发不少群众的吐槽。

群众吐槽最多的地方就是基层干部找不到问题、提高自身能力的地方。出现这种问题，原因有以下几点。一方面，部分基层干部工作脱离群众、脱离实际，没有深入基层做好广泛而全面的调查研究，没有找到关系到广大群众切身利益的痛点。另一方面，由于各种各样的外部压力，基层干部通常是事务性工作多，直接服务群众的工作少；大多数时间花在考核迎检、做台账、开会上，留给与群众交流的时间较少。

基层干部要帮群众解决最关切的问题，第一，要树立正确的群众观，坚持以人为本，转变工作作风，始终坚持感情上贴近群众，行动上深入群众，工作上依靠群众，全力维护群众利益，真正做到"权为民所用、情为民所系、利为民所谋"。第二，要立足实际，着眼实际成效，全方位、多角度地进行思考，深入基层进行调研、走访，在认真分析上情、了解下情的基础上，确定群众最关切的实际问题。第三，上级部门要落实减负政策，给基层干部的思想减压、工作减负，让他们有更多的精力和时间来干实事。

总之，基层干部要把为群众办事当作一种信念来坚守，把基层工作当作一种事业来追求，努力赢得群众的认可和尊重。

（4）一些地区群众因为存在等靠要思想，不接受产业扶贫、技术扶贫而返贫，你怎么做？（2020）

"授之以鱼，不如授之以渔"，一些地区的群众存在"等靠要"的错误观念，不愿意自己花力气主动摆脱贫困，接受物质扶贫，而不接受产业扶贫和技术扶贫，就会没有能力保持现状，又要从头开始，极大影响了扶贫脱贫工作的效果，出现"反复脱、脱不掉"的困境。对此，必须坚定不移地贯彻执行"扶贫先扶志、扶智"的帮扶策略，利用产业扶贫、技术扶贫，帮助贫困户实现终身脱贫致富。

第一，扶贫先扶志。可以通过"党建"促脱贫攻坚，充分开展院坝会、好家风等活动，在全村树立以观念落后为耻、争当贫困户为耻、懒惰为耻、等靠要为耻的观念。同时大力弘扬和宣传致富先进典型事迹，对通过积极发展产业、实现自身脱贫并带动他人增收的贫困户授予脱贫攻坚"奋进奖"，给予产业扶贫资金奖励，并在媒体上对其事迹进行宣传报道。

第二，做好技能培训。和同事一起甄别有劳动能力但没有从事劳动的贫困对象，针对他们进行一对一帮扶。要切实开展实用生产技术的培训，组织贫困户去已实现盈利的同行产业进行学习锻炼、跟班劳动。仅仅是提供培训、资金的帮扶政策是不够的，还需要帮助贫困对象规避风险，让他们有稳定的收益，避免贫困对象遇到"养鸡不生蛋，种树不挂果"的情况。

第三，与有思路、有能力进行规模养殖的贫困户或产业合作社进行对接，采用土地作价入股、村集体资金入股等方式，一方面扶持合作社长久发展、帮助贫困户自我"造血"脱贫。同时，与龙头企业进行合作，完善利益分配机制，让更多的小农户受益，尽量避免全村只做一个产业，努力形成生产、加工、包装、营销的产业链，形成第一、二、三产业融合发展的道路。针对"等靠要"思想严重的贫困户，只有参加就业培训，获得务工凭据才能享受有关政策补助,享受产业分红。

第四,我们这些战斗在扶贫第一线的干部,要拿出担当精神,以十足的耐心,契合实际的科学方法,真正扶到点上、扶到根上,坚决破除他们的"等靠要"思想,针对性地做好引导工作,积极为他们出主意、想办法,帮助其寻找致富门路,鼓励他们自立自强,努力增强致富能力,变"要我脱贫"为"我要脱贫"。

4.北京选调生面试真题

(1)随着网络的发展,网上支付越来越多,但随之而来的网络消费投诉也日益增多,你对这件事情的看法是什么?(2014)

网上支付是电子支付的一种形式,它是通过第三方提供的与银行之间的支付接口进行即时支付的方式,这种方式的好处在于可以直接把资金从用户的银行卡中转账到网站账户中,交易程序更为简化,汇款迅速到账,交易的开销减少,彼此的时间得到有效节省。

网络的发展具有两面性,在给人带来便捷的同时,也出现了越来越多关于网络消费的投诉。这主要是由于我国银行网上支付系统尚处于起步阶段,还存在着诸多问题。信用是电子商务发展的关键前提之一。但从我国目前的信用制度来看,社会整体信用制度不够健全,导致市场主体对电子商务安全性的认知程度不高;同时,较低的企业信息化程度、不发达的基础通信设施等问题的存在,使得网上支付体系的发展还面对着诸多挑战。

首先,要让"讲信用光荣,不讲信用可耻"的观念深入人心,在网络社会中,如果不讲究信用,虚拟社会存在的基础将荡然无存;其次,网上支付应具有科学性、便捷性、合理性,要逐步建立网上支付的支付网关、认证中心和技术标准,建设基础通信设施,提高信息化水平;最后,完善网上支付方面的法律法规建设,加快约束机制建设,加强网络消费的监管力度和打击力度,营造一个良好的网络消费环境。

我相信,通过大家的共同努力,将来一定能够建立一个良好的网上支付信息平台,网上购物、网上支付会越来越多地走进大家的生活,网上消费的满意指数也会逐步提高。

(2)当今社会食品安全问题日益凸显。毒大米、毒奶粉等现象屡见

不鲜。虽然国家也出台了一系列政策,但始终无法从根本上解决这些问题。你怎么看待这一现象?(2014)

"民以食为天,食以安为先。"食品安全是关系人民群众身体健康和生命安全的重中之重,虽然国家出台了相关政策,颁布了《食品安全法》,但这一现象仍不能完全解决,可见解决这一问题的复杂性和艰巨性。我认为食品安全问题是在人民生活水平日益发展过程中产生并日益凸显的,要辩证客观看待。

这一问题屡禁不止主要有以下几个方面的原因:第一,对利益的追求是这个问题屡禁不止的行为根源。许多不法分子胆大妄为,不顾道德和法律的约束。第二,部分生产者丧失道德,视人民群众的生命健康安全为无物,是这个问题屡禁不止的思想根源。第三,监管机制不健全是这个现象屡禁不止的制度根源。

对于这一问题我们不能坐视不管,应该积极采取措施解决。一是着力加强食品安全各个环节的监管体系建设。采用现代科技手段,进一步完善监管制度,采用新式的监管模式,切实提高监管效能,确保监管到位。二是着力加强食品安全法制建设,尽快出台食品安全相关的法律法规,对违法者进行严厉惩处。三是着力加强公民道德建设。以落实公民道德实施纲要为契机,综合运用经济、教育、宣传等手段,加强公民特别是食品生产企业的职业道德和社会公德的教育力度,增强道德自律意识,形成自我和社会道德的强大约束。

(3)近日,中央领导同志指出,当前我国道德文化建设,同经济发展相比仍然是一条"短腿",要加强道德文化研究,一个国家,如果没有国民素质的提高和道德的力量,绝不可能成为一个真正强大的国家、一个受人尊敬的国家。请你谈谈在健全道德这条"短腿"过程中的重点和难点是什么?(2014)

道德建设作为软实力的一个方面,其水平高低直接体现着国家和民族的综合素质和文明高度。结合我国实际,在市场经济条件下搞好社会主义道德建设,是一个非常重要的问题。

当前,我们进行道德建设面临着较为复杂多变的内外环境。难点主要体现在以下几个方面:

首先，我国体制改革正处于关键期，各阶层利益错综复杂，社会矛盾触点多、燃点低，在利益再分配过程中传统的道德观念逐渐被淡化；其次，市场经济的快速发展，使得部分人在激烈的市场竞争中迷失自我，走入拜金主义的误区，相信金钱至上或权力至上，为了追求财富或权力不惜触犯道德底线；再次，长久以来，国民的公民意识不足，对于自己应当承担的社会责任缺乏清晰的认识，容易陷入追逐私利的狭隘境地；最后，由于经济全球化及互联网推动等原因，国际经济文化交流空前繁荣，不同国家、民族和阶层的价值观激烈碰撞，令很多人产生了人生观和价值观上的困惑。

因此，当前道德建设的重点应该集中在以下几个方面：一是推进体制改革，丰富和完善各阶层的意见表达与协商机制，妥善处理社会矛盾；二是加强对集体主义等社会主义主流价值观的宣传教育；三是加强公民意识的培养，塑造大国国民的精神风范；四是加强对本国文化的培育发展，形成既具有中国特色又开放自信的文化特征。

（4）非居住区停车费上涨，周边居住区停车费也跟着上涨，居民不满，领导让你调查这个事情，你怎么处理？（2014）

非居住区停车费上涨，是治堵的重要举措，但是某居民区停车费上涨是不符合规定的。因为北京市发改委明确规定，停车费上调仅限非居住区。对此，我会认真展开调查，努力解决居民的问题，维护他们的合法权益。

首先，我会深入小区调查，采取抽样调查的方式，抽取各周边居住区住户，询问他们以前停车费的收取情况及现在居住区停车费上涨的情况。同时通过居民侧面了解物业公司调整居住区停车费上涨的原因，做到心中有数。

其次，走访各小区的物业公司，询问相关负责人进行此次调整的原因。同时我会向物业公司宣讲政府的相关政策，告知他们居民已经产生了不满。物业公司上涨居住区停车费，不仅违背了业主和物业公司之前签订的合同，也违反了北京市发改委的规定：

"本市居住区停车场、驻车换乘停车场等停车位收费标准及非居住区以外的停车场收费标准不变。"希望物业公司考虑居民的利益，按照相关的规定办事。

最后，我会把对这件事情的调查结果整理成调查报告并附上处理意见供领导审阅。

（二）高校选调生面试备考技巧

1. 综合分析能力类

在解答此类问题时，要从正面进行理解，主要表述其出台背景、深远影响、重大意义以及自己甚至是社会应该如何正确领会、贯彻落实、确保取得实效等。最后，最好能答出自己的一些感想、亲身体会，自己作为政府工作人员如何将该项工作做好、做出特色、做出亮点，如果能结合自身举出1个与该题目相关的小例子就更容易取得高分了。

此外，要辩证地看问题，既要看到积极进步的一面，又要看到消极落后的一面。需要注意的是，一定要坚持"阳光原则"，要相信地方和社会也是"人心向好"的，也是希望推动社会整体进步的，也是希望弘扬好的东西减少坏的东西、促进社会和谐进步的，只不过在这个过程中，因为各种原因（主客观、内外因、主要次要矛盾）导致出现了一些偏差，产生了一些不好的影响或评价，所以需要我们再接再厉，精益求精。所以，在这类问题上，就需要我们在如何优化、细化、深化上做好文章。

1）社会现象类

解题套路：

①指出实质

②分析原因

③分析结果

④提出政策

⑤做出结论

例：目前，中学，高等学校都招收了一些择校生、定向生，你怎么看待这个问题？

答：①招收择校生、定向生的实质是部分学生通过多缴一些费用，享受本来不该享受的教育资源。

②招收择校生、定向生现象出现的原因，一方面学校办学经费比较紧张，另一方面是有些家庭经济条件比较好的学生想多花一些钱享受优质教育资源。

③招收择校生、定向生的积极作用,可以缓解学校办学经费紧张的问题。

④招收择校生、定向生的消极影响,可能会影响教育的公平性。

⑤结论,谨防在看似公平的教育制度下产生新的不公平。

2）政策理解类

解题套路：

①指明政策方针的内容。

②阐明这个政策方针出台的背景。

③指出它的意义。

④指出实现的途径。

⑤联系自身实际。

3）积极支持类

亮明观点（表态）—出台原因（政策背景）—政策意义—政策隐忧—政策完善。亮明观点主要是说明政策的原因、背景和实质,从国家角度来说都是宏观的,从大局出发考虑的,政策意义可从经济、社会、民生等方面予以简要分析；政策隐忧主要是说明其不完善之处以及在实行过程中可能遇到的问题,并提出合理的建议。如有可能,最好加1个自己与之相关的小例子。

4）辩证分析类

亮明观点（表态）—政策分析—政策优化。亮明观点就是要阐述政策推行的背景和主要内容,引出事件的主题；政策分析就要从两个方面辩证来看,指出利弊的同时要有所侧重；政策优化主要指在今后的工作中要从哪一方面加以改进,从而得出建设性结论。

例：我国能源紧缺,节能减排的压力大,国家积极发展低碳经济,提倡低碳绿色生活。据报道,我省已被列为5个低碳经济试点,作为公民你如何参与其中？

答：①铺垫：表明支持的态度并简要说明自己对低碳经济的看法。②主题内容：简述对低碳经济的认识和主要做法。③总结：低碳经济的优势、个人做法。

5）观点理解类

解题套路：

①解释分析观点含义、意义。

②如何正确认识、面对、处理。

③站在公务员角度理解、分析。注意事物的两面性，思考为什么要这么做而不能那样做。

例：一句话：天下之事，成于惧败于忽。请问这句话对实际工作有何指导意义？

答：①说明含义：谨小慎微、如履薄冰。

②结合实际说明在现实生活中的意义。

③公务员要增强忧患意识，保持清醒的头脑，坚定信心，在各项工作中都保持对人民高度负责的态度。

6）哲理故事类

解题套路：哲学原理主要就是辩证地看待事物，看到优点的同时也不能忽略缺点；其次就是普遍性和特殊性，从一个社会问题所反映的哲学问题，联想到社会存在的其他问题。

①这个题目里的事情反映了哲学里……的原理（详细说明哲学原理，如果是辩证原理再加上一句，既要看到优点也要看到缺点）。

②他的优点是……

③他的缺点是……

④从公务员角度联系实际进行论证。

例：一个渔夫有一根鱼竿和一篓鲜鱼，两个路人，一个要了鲜鱼，一个要了鱼竿。要了鲜鱼的路人很快就将鱼煮熟吃了，不久他就饿死了，而要了鱼竿的路人向大海走去，可是还没到海边他就饿死了，你是怎么理解的？

答：①破题：要了鲜鱼的人很快就饿死了，是因为他只考虑当前情况，而没有做长远打算。要了鱼竿的人还没走到海边就饿死了，是因为他虽然有长远打算，但是没考虑到目前的需求需要先得到满足。因此，该故事的含义是应该将长远目标和近期目标有机地结合起来。

②长远目标和近期目标的辩证关系。长远目标是近期目标的指引，没

有长远目标，近期目标也就失去了意义。近期目标可以为长远目标提供阶段性的支持。不能实现近期目标，满足现阶段的需要，长远目标就成为空中楼阁。

③作为政府的公务员，应妥善地处理好长远目标和近期目标的关系。如我国的新民主革命、三步走战略等。

2. 思路类型

1）积极的

解题套路：

帽子：对于这个现象（政策、说法），我有以下几点看法。

第一：肯定这个现象（政策、说法）是好的，并且发散描述现象（政策、说法）好在哪里。

第二：这个现象（政策、说法）对于我们今后的工作和生活有什么帮助和意义。

第三：我们应当深入挖掘这个现象背后的含义，作为政府机关工作人员应该怎么做。

鞋子：总而言之，我们要发扬这个好的。

例：从2010年起，国家出台了一系列措施调控房地产，对此你怎么看？

答：①铺垫：简要对现象定性、表达自己的观点。

②用"关键词法""大小法"从房价、经济、老百姓等角度来阐述这次调控政策出台的原因。

③用"关键词法""大小法"从政府、经济、老百姓等角度来阐述这次调控政策的意义。

④用"关键词法""大小法"从政府、相关部门的角度来阐述如何才能让此次调控政策得到正确贯彻落实。

2）消极的

解题套路：

帽子：这个现象（政策、说法）在现实生活中确实存在，而且产生了很大的影响，对此有以下看法。

第一：否定这个现象（政策、说法），可以强调是个别现象（政策、说法），也可以说这个现象（政策、说法）广泛存在。

第二：这个现象（政策、说法）的产生有其背后的根源，可以阐述根源，并且深刻反思（如不完整的制度、不完善的法制、不到位的监督等）。

第三：要消除这个现象（政策、说法），需要政府主导，全社会动员等。

鞋子：对于这个现象（政策、说法），我们党和政府已经颁布了一系列政策和措施，相信可以消除这个现象。

例：消极的腐败现象。

解题思路：①肯定。首先按实事求是的观点，这种现象在现实生活中确实存在。②全面。但从干部队伍总体上看，这种现象毕竟是少数，是局部，是支流，大多数公务员是廉洁的，好的。③危害。尽管是少数，但是已经破坏了党群、干群关系，对党和政府的形象造成了严重的破坏，阻碍了社会和经济的健康发展。④表扬。党和政府已经采取了有效的措施，反腐倡廉也已取得阶段性成果。我坚信我们党和政府有能力解决自身问题。⑤表态。如果我成为一名公务员，一定会加强拒腐防变的学习，坚持讲原则、讲廉洁、讲正气。我会时刻提醒自己"金杯银杯不如老百姓的口碑；金奖银奖不如老百姓的嘉奖"。

3）思辨的

解题套路：

帽子：用辩证法破题、概括、分析。表面上是对立的、矛盾的，但是从马列主义辩证法和唯物论的观点看，二者又是发展的、辩证的，有其内在的必然联系，说明了……真理（或道理、法则、原理）。因此，我们必须坚持具体问题具体分析。

第一：在什么条件下（时间、场合、方面、情况）应该A而不应该B，原因分析；

第二：在什么条件下（时间、场合、方面、情况）应该B而不应该A，原因分析；

第三：作为一名公务员应该如何正确处理。

鞋子：对待这个现象（政策、说法），我们既要看到好的，也要看到消极的。

例：关于人，一种观点是"人要善于表现自己"，另外一种说法是"人要善于克制自己"。你怎么看？为什么？

答：①两者看起来是矛盾的，其实是辩证统一的。

②在有的场合"人要善于表现自己"。比如在应聘的时候要表现出自己优秀的一面。另外，在工作中也要注意及时地向领导汇报工作，与领导沟通，保证工作的顺利开展。

③在有的场合，"人要善于克制自己"。比如在日常的工作和生活中，要多向领导和老师学习，谦虚谨慎，这样才会进步。另外，不能贪图享受，要克制自己物质上的欲望。

④作为一名公务员，要时刻以工作为重。需要自己挺身而出的时候绝不犹豫，但在名利面前应保持一颗平常心。

附　录

一、全国选调生选拔培养管理办法摘录

1. 新时代湖北省选调生管理办法

（鄂组通〔2018〕18号）①

第一章 总 则

第一条 为加强改进新时代选调生工作，培养造就大批坚持和发展新时代中国特色社会主义骨干力量，根据《中华人民共和国公务员法》（以下简称《公务员法》）、《党政领导干部选拔任用工作条例》（以下简称《干部任用条例》）、中央组织部《关于进一步加强和改进选调生工作的意见》和有关规定，结合我省实际，制定本办法。

第二条 本办法所称选调生，是指省委组织部从高校应届大学毕业生和服务基层项目的往届大学毕业生中选调到基层培养锻炼的优秀大学毕业生。

第三条 新时代选调生工作，是建设高素质专业化干部队伍的源头工程，是多渠道吸引优秀人才的战略之举，是为党政领导人才作战略储备、加强干部队伍建设的基础工作。应当着眼干部队伍长远发展，采取更加积极主动措施，加大选调生工作力度，把更多的优秀大学毕业生吸纳到选调生队伍中来，为奋力谱写时代湖北高质量发展新篇章提供干部人才支撑。

第四条 新时代选调生工作，应当坚持下列原则：

（一）党管干部原则；

（二）依法依规办事原则；

（三）公开、平等、竞争、择优原则；

（四）分级分类、精准选调原则；

（五）重在培养、合理使用原则；

---

① 出处：中共仙桃市委组织部.新时代湖北省选调生管理办法（鄂组通〔2018〕18号）.http://xtdjw.xiantao.gov.cn/zcwj/zcfg/201809/t20180902_335106.shtml.

（六）动态管理、优进绌退原则。

第五条 选调生工作由各级党委组织部门主管，人社、教育、编制等部门参与，按照规定负责本办法的组织实施。

第二章 选调录用

第六条 选调对象为高校应届大学毕业生、服务基层项目满2年的往届大学毕业生（大学生村官、"三支一扶"人员和"西部计划"志愿者），以及其他需要纳入选调范围的人员。

第七条 选调计划根据编制数量、干部队伍结构情况合理确定，一般应占本年度公务员考录计划的10%左右。其中，女生一般不低于30%；民族地区少数民族学生占一定比例。

（一）依法依规办事原则；

（二）公开、平等、竞争、择优原则；

（三）分级分类、精准选调原则；

（四）重在培养、合理使用原则；

（五）动态管理、优进绌退原则。

第八条 选调对象应当具备下列基本资格条件：

（一）具有正确的政治立场和政治态度。认真学习习近平新时代中国特色社会主义思想，认真学习习近平总书记视察湖北重要讲话精神，牢固树立"四个意识"，坚定"四个自信"，坚决维护习近平总书记党中央的核心、全党的核心地位，坚决维护以习近平同志为核心的党中央权威和集中统一领导，在思想上政治上行动上同以习近平同志为核心的党中央保持高度一致。

（二）自觉践行社会主义核心价值观，爱党爱国，有理想抱负和家国情怀，甘于为国家和人民服务奉献，热爱基层工作。

（三）学习成绩优良或工作表现良好，发展潜力大。

（四）作风朴实，品行端正，诚实守信，吃苦耐劳，群众观念强。

（五）有较好的人际沟通和语言文字表达能力。

（六）应届大学毕业生中，本科生不超过25周岁、硕士研究生不超过28周岁、博士研究生不超过32周岁；往届大学毕业生中，本科生不超过28

周岁,硕士及博士研究生不超过32周岁。

(七)身心健康。

(八)符合选调的其他条件。

在校或工作期间有违法违纪违规行为、存在学术不端或道德品行问题以及法律规定不得录用为公务员的其他情形的人员,不得作为选调对象。

应届大学毕业生中,优先选调中共党员、优秀学生干部、获得校级以上奖励的人员、具有参军入伍经历的人员、贫困边远地区报考原籍所在地职位的人员。

往届大学毕业生中,优先选调中共党员、受过市级以上表彰的人员、贫困边远地区报考原籍所在地职位的人员。

第九条 根据不同机关和岗位需求,实行分级分类选调,可以对选调生的专业、能力、学历、毕业院校等提出差别化要求,增强选调工作的精准性科学性。

基层选调职位,应当结合基层实际设定选调条件,优先选调对人民群众有感情、立志于投身基层并能适应基层环境开展工作的优秀大学毕业生。

省、市级机关选调职位,应当突出选调综合素质好和专业能力强的优秀大学毕业生。

民族地区选调职位,应当注重选调少数民族优秀大学毕业生。

各地在选调计划中可拿出一定比例到特定高校定向选调急需紧缺人才。

第十条 选调生招录工作按照公务员录用有关规定进行,一般应当经过下列程序:

(一)发布公告。制订选调计划,下发选调通知,在相关网站上发布选调公告。

(二)个人报名。按照有关程序,符合资格条件的选调对象向所在高校或单位党组织提交报名申请。

(三)组织推荐。按照管理权限,应届大学毕业生由高校党委组织部负责推荐,往届大学毕业生由市(州)党委组织部(含直管市、神农架林区,下同)负责推荐。

（四）资格审查。按照选调职位相关要求，省委组织部组织市（州）党委组织部进行资格审查。

（五）考试。考试分笔试和面试，由省委组织部统一组织进行。根据考试成绩，按一定比例从高分到低分依次确定考察对象。面向特定高校或特殊专业定向选调的，可单独组织考试。

（六）录用。各市（州）委组织部根据考试、考察和体检情况，研究提出选调生初步人选名单报省委组织部审批，并由省委组织部给相关高等院校及有关单位发文予以确认。各高等院校和有关单位按要求办理派遣报到手续。选调生报到后，填写《选调生录用审批表》《公务员录用审批表》，按有关规定办理正式录用手续。

组织部对考察对象进行全面考察。考察结果作为确定录用对象的重要依据，防止简单的以"考"代"选"或以分取人。

（七）体检。组织拟录用对象进行体检。体检按照公务员录用体检通用标准执行。

（八）公示。省委组织部对拟录用对象名单予以公示，公示时间不少于5个工作日。

（九）录用。公示期满没有问题反映或反映问题不影响录用的，确定录用为选调生，由省委组织部向有关高校和单位发文予以确认。

被录用的选调生应当按照省委组织部统一要求按时报到。无正当理由逾期不报到的，视为放弃，由相关市（州）党委组织部或单位报省委组织部批准取消录用资格，并记入公务员考试录用诚信档案。

选调生一经确定录用，不得另找工作单位（录取为全日制研究生的除外）。未经省委组织部同意，有关高校和单位不得办理改派或调档手续。

第十一条　新招录的选调生，原则上应安排到基层培养锻炼。

基层选调职位新招录的选调生，一般安排到县（市、区）、乡镇（街道）工作，录用后到村任职2年时间，其间不得借调或交流到上级机关，经市（州）党委组织部批准，可以有计划地组织选调生参加县（市、区）、乡镇（街道）集中性工作，但每年不超过3个月。

选调生一经省委组织部确定录用，不得另找其他用人单位。未经省委组织部同意，有关部门不得改派。

省、市级机关选调职位新招录的选调生，在录用后或试用期满后，可安排到县（市、区）、乡镇（街道）进行基层锻炼，时间不少于2年，并至少安排1年时间到村任职，所在单位不得延期选派或提前调回。

选调生在村任职期间，履行大学生村官有关职责，按照大学生村官管理。

第十二条　各高校和单位按照新招录选调生的分配去向，及时办理派遣报到以及档案、户口、党团组织关系转递等手续。

分配到市级以下机关的选调生，其档案由市（州）党委组织部统一审核后，再转递到市级机关或县（市、区）党委组织部。分配到省级机关的选调生，其档案由省级机关进行审核。

第十三条　选调生正式录用后具备公务员身份，其管理严格按照《公务员法》及相关法规执行。除国家政策有特殊规定外，不得取消或缩短试用期，不得突破规定任职定级。

第三章　培养锻炼

第十四条　坚持选调生到基层一线和困难艰苦的地方培养锻炼，接触基层农村工作，了解国情民情，取得最基本的基层工作和群众工作经验。

第十五条　党委组织部门按照干部管理权限，会同选调生所在单位党组织，根据选调生所学专业、发展潜力和特点，明确培养锻炼方向，制订培养锻炼计划，落实培养锻炼措施。

第十六条　加强教育培训。组织开展基层锻炼岗前培训和在岗培训，提高选调生理论素养和业务能力，强化作风养成和责任担当，增强群众观念和公仆意识。

省委组织部每年对新招录的选调生进行1次岗前培训。每年举办1至2期往届选调生培训班。

市（州）、县（市、区）党委组织部应将选调生培训纳入干部培训总体规划，定期举办选调生专题培训班。

选调生在基层工作每3年应当选送到县级以上党校培训1次。

第十七条　加强实践锻炼。通过墩苗打磨、岗位历练、挂职锻炼、艰苦磨砺等形式,优化成长路径,促进选调生在实践中砥砺品质、增长才干。

(一)墩苗打磨。有意识有计划地安排选调生到基层一线和直接面向群众的岗位工作,促进选调生在直接联系服务群众中接地气、受教育、转作风。

(二)岗位历练。遵循干部成长规律,坚持递进式培养,安排选调生到吃劲的岗位和矛盾多、任务重、困难大的岗位进行历练,参加脱贫攻坚、乡村振兴等中心工作、重点工作,多接触具体事情和问题,经受扎实锻炼。

(三)挂职锻炼。对在同一岗位工作时间较长的选调生,有计划地进行轮岗交流。每年安排一定数量的选调生到上级机关、经发达地区和企业挂职、跟班学习,拓宽视野,提高适应能力和工作水平。

(四)艰苦磨砺。有意识地安排选调生参与处置重大突发事件、重大专项活动、重点工程建设、信访督查、援藏援疆等急难险重任务,在实践锤炼中不断提升解决问题、担当作为、推动落实的能力。

第十八条 搞好传帮带。按照"一对一"原则,选调生所在单位选派思想好、作风正、经验丰富的领导干部作为责任人,在专业知识、专业能力、专业作风、专业精神等方面进行传帮带,通过"压担子"、定目标、提要求,帮助其熟悉情况、增强本领、锤炼作风。

第四章 教育管理

第十九条 严格选调生日常管理制度。强化政治纪律和政治规矩,帮助选调生树立正确的世界观、人生观、价值观,引导和鼓励选调生认真履职尽责、积极干事创业。

第二十条 加强选调生考察考核。坚持定期分析研判,考察考核结果与培养使用挂钩。

选调生试用期满后,按照干部管理权限,由组织人事部门负责考察,根据考察情况转正定级,考察不合格的,报省委组织部同意后,取消录用资格。

选调生工作满2年后，按照干部管理权限，由组织人事部门进行全面考核，经考核不适应党政管理工作的，报省委组织部同意后，按照专业对口、用其所长的原则，安排适当的工作岗位。

第二十一条　坚持严管和厚爱结合、激励和约束并重。注重从政治上、思想上、工作上、生活上关心关爱选调生，落实谈心谈话制度，及时了解选调生思想动态，帮助解决实际困难，为选调生工作生活提供必要的保障和条件，鼓励选调生放手工作，勇于作为。

第二十二条　选调生在基层实际工作时间满2年后，经当地党委组织部门同意，可以参加上级机关的遴选考试。

选调生参加其他机关公务员招录或企事业单位招聘考试，应事前征得当地党委组织部门同意。

选调生每人每年只能参加1次遴选、招录招聘考试。

第二十三条　实行选调生调动备案审批制度。在本县（市、区）内调动的，县（市、区）党委组织部审批，报市（州）党委组织部备案；在市（州）内跨县（市、区）调动的，由市（州）党委组织部审批，报省委组织部备案；省内跨市（州）调动或调往省外的，由调出单位所在市（州）党委组织部按程序报省委组织部审批。省内跨市（州）调动的，在报省委组织部审批前，调入单位所在市（州）党委组织部应当与调出单位所在市（州）党委组织部协商达成一致意见。

第二十四条　建立选调生动态管理制度。对于工作满10年的，或年龄满40周岁的，或所任职务层次在副处级以上的，保留选调生身份，不再进行重点跟踪管理。

有下列情形之一的，不再作为选调生管理：

（一）政治思想、道德品质、遵纪守法、廉洁自律等方面存在问题的；

（二）思想动摇、不愿继续在基层工作或群众反映较差的；

（三）公务员年度考核被定为基本称职或不称职等次的；

（四）不服从组织安排或自动离职、辞职的；

（五）因身心健康等原因不能适应工作需要的；

（六）其他原因不宜作为选调生继续培养的。

第二十五条　完善定期推荐优秀选调生制度。各地各单位每年应当结合公务员年度考核，对本地区本单位的选调生进行考核推荐，分层分类确定一批具有较大发展潜力的优秀选调生名单，提出培养和使用建议。

优秀选调生名单由各级党委组织部门重点掌握，每年调整一次。

第二十六条　建立健全选调生信息库。各地各单位应当及时收集记录选调生培养、管理和使用等情况，并定期更新相关信息。

市（州）、党委组织部每年底应当向省委组织部上报选调生情况统计表及相关信息资料。

第五章　选拔使用

第二十七条　选调生的选拔使用，要坚持德才兼备、以德为先，坚持好干部标准，坚持重在培养、合理使用。

根据领导班子建设需要，有计划地选拔优秀选调生担任县（市、区）、乡镇（街道）等基层单位领导班子成员，或交流到上级机关和重要岗位。

表现特别优秀的，可以按照《干部任用条例》等有关规定，优先使用或破格提拔。

第二十八条　竞争性选拔领导干部或选拔后备干部，应当把选调生队伍作为重要来源，积极鼓励符合条件的选调生接受组织挑选。

第二十九条　引导和鼓励在省、市（州）、县（市、区）直部门工作一定年限、担任一定职务的选调生，到基层担任领导职务锻炼成长。

第三十条　县级以上党政机关补充工作人员，优先从优秀选调生中挑选。省、市（州）直机关公开遴选公务员，应当拿出一部分职位定向遴选选调生。

第六章　工作机制

第三十一条　各级党委及其组织部门应当把选调生工作纳入"新时代年轻干部成长工程"和后备干部队伍建设的总体规划，列入议事日程，加强经常性调查研究，及时发现新情况，解决新问题。加强对选调生所在单位的具体指导，督促落实选调生日常管理措施，促进选调生成长成才。

各级党委组织部门负责协调机构编制、人社、教育等部门和各高校党委，共同做好选调生工作。

第三十二条 省委组织部统一负责全省选调生工作，组织开展选调，指导市（州）、县（市、区）党委组织部和有关单位做好选调生考察把关、培养锻炼和教育管理工作，统筹全省选调生的调配使用。

第三十三条 市（州）党委组织部负责选调生的跟踪管理。结合实际，制定具体管理制度和培养使用措施；建立跟踪考察制度，全面掌握选调生表现情况和工作情况，及时提出安排使用意见；每年底对选调生工作进行总结，并向省委组织部专题报告。

第三十四条 县（市、区）党委组织部负责选调生的日常管理。全面掌握选调生的工作、生活和表现情况，听取选调生的意见建议，及时研究解决存在的问题；定期分析研判，逐人提出培养、使用和调整的建议，并抓好落实。

第三十五条 选调生所在单位党组织负责落实选调生管理各项规章制度，定期与选调生交心谈心，帮助其解决工作、学习、生活等具体问题，创造良好环境；每年向党委组织部门报告选调生成长锻炼情况，包括现实表现、工作实绩、学习培训和考察考核等相关情况。

第三十六条 严肃选调生工作纪律。坚决执行党的干部路线方针政策，坚持公道正派、客观公正，坚决杜绝弄虚作假、营私舞弊等现象，严禁以权谋私、违规安排子女亲属等。选调生的人选推荐、选调录用、岗位安排、基层锻炼、试用转正、任职定级、培养使用等纳入选人用人监督检查工作，发现违纪违法行为的，对有关单位和责任人严肃处理。

第七章 附则

第三十七条 各市（州）可根据本办法，结合本地区实际，制定具体的实施细则。

第三十八条 本办法由中共湖北省委组织部负责解释。

第三十九条 本办法自2018年6月13日起施行。以前有关选调生工作的政策规定与本办法不一致的，以本办法为准。

2. 河北省选调生工作暂行办法

（冀组发〔2018〕12号）①

第一章 总则

第一条 为了进一步加强选调生队伍建设，规范选调生管理、培养和使用工作，根据《公务员法》和中央组织部、省委组织部有关规定，现结合我市实际，制定如下办法。

第二章 管理

第二条 新录用的选调生试用期为一年。试用期满三十日内，市委组织部对选调生进行任职考核，考核合格的，予以任职，并进行公务员登记；不合格的，取消录用。考核结果报省委组织部备案。

第三条 选调生的重点管理期为五年。重点管理期满后，纳入干部正常管理序列。

第四条 选调生至少在乡（镇、街道）工作满三年，其中可采取任职、包村（社区）等形式，在村（社区）至少锻炼一年。在乡（镇、街道）工作不满三年的，不得调整到县级以上党政机关工作；在秦皇岛市工作不满五年的，不得调往外埠工作。

第五条 选调生在乡（镇、街道）工作期间，县级以上党政机关不得随意借调。确因工作需要借调的，必须经选调生所在县（区）委组织部（含开发区工委组织部，下同）报市委组织部批准，从在乡（镇、街道）工作满两年的选调生中择优挑选，借调时间一般不超过六个月。市委组织部定期对选调生在岗情况进行检查或抽查。

第六条 坚持年度考察制度。每年年底，市委组织部会同各县（区）委组织部或选调生所在市直单位对选调生进行考察。运用考察结果，实行动态管理，掌握动态情况，及时对选调生队伍进行调整。对辞职、辞退或违反有关规定调整出选调生队伍的，不再保留公务员身份。

---

① 出处：湖北公务员资讯网.湖北省选调生选拔培养管理办法（鄂组发〔2011〕7号）. http://www.hbgwy.org/2016/0104/24750.html.

第七条 选调生录用后三年内不得参加其他任何单位、任何性质的招录工作人员的考试。工作满三年后如报考，须通过所在县（区）委组织部向市委组织部提出申请，经批准后方可报考。

第八条 选调生的奖惩、辞职、辞退等按《公务员法》有关规定执行。

第三章 培养

第九条 市委组织部对新录用的选调生进行岗前培训。无正当理由不能按时参加培训的，视为自动放弃，即取消录用资格。

第十条 实行培养责任人制度。县（区）委常委、组织部长为培养选调生的第一责任人，选调生所在单位党委（党组）书记为直接责任人。培养责任人至少每半年对负责联系的选调生进行专门的谈心谈话活动。

第十一条 市委组织部有计划地选派实绩突出、表现优秀的基层选调生参加省、市委的培训。各县（区）、市直各有关单位要将选调生培训工作纳入干部培训总体规划，有计划地安排选调生参加各类培训。

第十二条 鼓励选调生参加各级党校或高等院校举办的在职学历学位教育，加强和改善知识结构。选调生录用后三年内不得参加脱产学习学位教育。

第十三条 市委组织部有计划地安排符合条件的选调生到市直单位现场跟班学习或挂职锻炼。各县（区）、市直各有关单位要有计划地安排选调生到条件比较艰苦、情况比较复杂的岗位进行锻炼，不断增强适应工作环境和处理复杂问题的能力。同时，积极稳妥地开展轮岗交流工作。

第四章 使用

第十四条 各级党委（党组）应将经过一定时间培养锻炼，表现优秀、有发展潜力、符合后备干部条件的选调生，及时纳入相应后备干部队伍。后备干部集中补充调整时，对符合条件的选调生优先纳入。

第十五条 选调生工作满四年后，表现优秀、适合从事乡（镇、街道）领导工作的，应适时选拔进入乡（镇、街道）领导班子；适合其他领导职位的，也要及时提拔使用。

第十六条 选调生提技任职要严格执行《公务员职务任免与职务开降规定（试行）》（中组发〔2008〕7号）。对表现特别优秀的选调生，可以破格提拔，但必须严格把关、从严掌握，并报经市委组织部同意。

第十七条 选调生在乡（镇、街道）工作满三年后，适合从事党政机关工作的，有计划地补充到县级以上党政机关。县级以上党政机关需要补充工作人员时，应优先从符合条件的选调生中选拔。

第十八条 市直单位补充选调生，须根据工作需要和编制情况，在年初向市委组织部报送需求计划。市委组织部在征求各县（区）意见的基础上，从符合条件的选调生中择优推荐。需求总数较多时，也可采取组织考试或竞争上岗等方式，确定补充人选。

第十九条 市委组织部负责办理选调生人事关系调整的相关手续（不含本县区内调整）。本县（区）直单位补充选调生，须由县（区）委组织部向市委组织部备案。

第五章 附则

第二十条 本办法自印发之日起执行，《关于加强选调生培养管理使用暂行办法》（秦组〔2001〕4号）同时废止。

第二十一条 本办法由市委组织部负责解释。

3. 江苏省选调生工作暂行办法

（苏组通〔2008〕75号）[①]

第一章 总则

第一条 为适应推动科学发展、建设美好江苏的新要求，加强和改进选调生工作，造就一大批具有坚定理想信念、对人民群众有深厚感情、能够担当重任的优秀年轻干部，各级党政领导班子和后备干部队伍建设储备人才，根据《公务员法》《党政领导干部选拔任用工作条例》《党政领导

---

① 出处：江苏省公务员考试网.江苏省选调生工作暂行办法.苏组通〔2008〕75号. http://www.jsgwyw.org/2013/0113/16697.html.

班子后备干部工作规定》，以及中央组织部有关文件精神，结合我省实际，制定本办法。

第二条 选调优秀高校毕业生到基层培养锻炼工作，重点是培养基层党政领导骨干和更高层次的党政领导干部后备人选。

第三条 选调生工作应当坚持以下原则：

（一）德才兼备，以德为先。

（二）依法办事，择调规范。

（三）立足基层，跟踪培养。

（四）分级负责，动态管理。

（五）遵循规律，适时使用。

第四条 选调生由省委组织部统一组织选调。选调生的培养、管理和使用工作，由各级党委及其组织部门按照干部管理权限和职责分工负责。

第二章 选拔

第五条 选调对象主要为省内普通高等院校和省外重点高等院校应届优秀大学本科以上毕业生。

参加有关部门组织的到基层就业或服务活动的毕业生，服务期满表现优秀、具备选调生基本条件和资格的，经组织推荐可按有关规定纳入选调范围。具体推荐程序和选调办法另行制定。

第六条 选调对象应当具备下列基本条件：

（一）拥护党的路线、方针、政策，具有坚定正确的政治方向和全心全意为人民服务的思想，应为中共党员或中共预备党员。

（二）有较强的事业心和责任感，作风务实，组织纪律观念强。

（三）学习成绩优良，担任过班以上主要学生干部，有较强的表达能力和组织协调能力。

（四）志愿到基层和艰苦地区工作，有发展潜力。

（五）身体健康。

（六）大学本科毕业生年龄一般不超过 24 周岁，硕士研究生年龄一般不超过 27 周岁，博士研究生年龄一般不超过 30 周岁。

（七）法律、法规规定的其他条件。

符合上列基本条件，获得硕士、博士学位的研究生，同等条件下优先录用。

第七条 选调的数量和结构，根据基层工作实际，结合领导班子和干部队伍建设需要，在核定的行政编制内科学合理确定。根据全省经济社会发展需求，注重选拔紧缺专业人才。

第八条 选调生选拔工作按下列程序进行：

（一）市委组织部汇总县（市、区）有关情况，向省委组织部上报选调生人选需求。

（二）根据全省干部队伍建设总体规划和需求情况，研究确定选调计划，向有关高等院校发送选调通知，同时向社会公告。

（三）选调生报名采取个人申请、高校推荐的方式进行。高校党委要对院系党组织推荐的报名者进行资格初审，集体研究决定选调生推荐人选。推荐人选应在一定范围内公示。省委组织部对推荐人选进行资格审核。

（四）组织符合条件的推荐人选参加公务员录用考试，并按一定比例从高分到低分确定考察对象。

（五）组成考察组，对考察对象进行面试和考察。面试主要测试运用基本理论、政策法规处理实际问题的能力以及心理素质。考察采取个别谈话、查阅档案等方式进行，重点考察在校期间思想政治表现、学习成绩、组织活动能力、从事基层工作志向和遵纪守法等情况，同时了解在校期间担任学生干部的经历和获得奖励表彰等情况。

（六）根据《江苏省录用选调生量化考评办法（试行）》，对笔试、面试、考察情况进行量化考评，研究提出拟录用入选名单。

（七）按照《国家公务员录用体检通用标准（试行）》，组织拟录用人选进行体检。体检合格的作为正式录用人选，并在一定范围内公示。

（八）按照有关规定办理选调生录用审批手续。

（九）根据工作需要将选调生录用人选派遣到各地。选调生工作锻炼单位由市、县（市、区）委组织部负责落实，具体分配方案报经省委组织部同意后实施。

（十）选调生纳入省高校毕业生分配计划，由省高校毕业生分配部门根据省委组织部确定的分配去向，办理派遣手续。有关高校要及时将选调生档案转递到相应市委组织部，由市委组织部再转递到有关县（市、区）委组织部。

第九条　新录用的选调生试用期为一年，试用期满考核合格的，按有关规定进行公务员登记和任职定级。

第三章　培养锻炼

第十条　各级党委组织部及选调生所在单位要积极创造条件，采取多种措施，加大选调生的培养锻炼工作力度。重视加强思想教育，帮助选调生树立正确的世界观、人生观、价值观，不断提高在基层干事创业、做好群众工作的本领和能力。

第十一条　新录用的选调生，应安排到领导班子凝聚力较强的乡镇、街道工作，可协助乡镇、街道领导联系其一方面具体工作，也可兼任村（社区）党组织领导职务，博士研究生一般安排担任乡镇长（街道办主任）助理等职务。

第十二条　按照干部管理权限和职责分工，县（市、区）委组织部门会同选调生所在单位的党组织，对选调生逐人制订培养计划，明确培养责任人，做好传帮带。

第十三条　选调生培训工作应纳入干部培训规划，统一安排部署。坚持岗前培训、集中轮训和经常性教育相结合，根据选调生不同成长阶段的特点，有针对性地加强思想理论和新知识培训，不断提高选调生素质和能力。

选调生在基层工作期间，参加各级党校或行政院校脱产培训时间累计不少于一个月。

省委组织部每年对新录用的选调生集中进行一次岗前培训。有计划地选送担任县处级领导职务和乡镇党政主要领导职务的选调生，到省委党校、高等院校培训。

第十四条　注重安排选调生到条件艰苦的地方工作，承担急难险重任务，让他们在艰苦环境中砥砺意志品质，提高工作本领。根据工作需要选送到上级机关和企事业单位挂职锻炼，帮助选调生拓宽视野，增长才干。

有计划地对选调生进行多岗位交流锻炼，既安排从事党务工作，也安排从事经济和社会管理等工作。担任科级职务的选调生可根据工作需要进行跨县（市、区）交流。

第四章 日常管理

第十五条 建立工作安排回避制度。选调生的直系亲属是县以上党政领导班子成员和法院、检察院、组织、纪检、人事部门正副职领导干部的，在工作安排上实行地区回避；选调生一般不安排在本人家庭所在的乡镇（街道）工作锻炼；其他需要回避的，按照《江苏省国家公务员、参照管理机关工作人员任职回避和公务回避实施办法》执行。

第十六条 建立跟踪管理制度，健全完善选调生信息管理系统，对选调生的培养、管理和使用情况进行跟踪，实现选调生管理规范化、信息化。选调生工作发生变动，原负责管理的组织部门应及时报告并做好有关衔接工作。各市在运用信息管理系统时，要及时对信息资料进行更新维护，定期分析选调生队伍培养锻炼情况，并将信息资料与选调生年度工作报告于当年12月底前报省委组织部。省级机关各有关部门干部（人事）处，也要同步将选调生的基本信息及培养、锻炼、使用情况报省委组织部。

第十七条 建立定期考察制度。根据干部管理权限，结合年度考核，每年对选调生进行一次考察。市委组织部要对工作满两年的选调生进行一次全面考察。定期考察重点了解选调生的工作、学习情况，以及完成急难险重任务中的表现，对选调生的发展潜力进行科学评价，在此基础上，逐人提出培养、使用和调整建议。县（市、区）委组织都要对全县的考察情况进行汇总，经县（市、区）委同意后，报市委组织部备案。市委组织部要对全市的考察情况进行汇总，报经市委同意后向省委组织部写出专题报告。省级机关也要将有关情况形成专题报告，经单位党组（党委）同意后报省委组织部。

第十八条 建立定期谈心谈话制度。所在单位党组织要定期与选调生谈心谈话，及时对选调生取得的成绩给予表扬和鼓励，对出现的苗头性问题进行提醒，并帮助解决工作、生活中存在的困难。

第十九条　建立动态管理制度。有下列情况之一的，及时调整出选调生名单：

（一）政治思想、道德品质、遵纪守法、廉洁自律等方面有问题的；

（二）拒不服从组织调动和自动离职、辞职的；

（三）不安心基层工作、群众反映较差的；

（四）自行调动工作、自费出国（境）留学的；

（五）公务员年度考核不称职的；

（六）经组织考核，工作实绩不突出、发展潜力不大的；

（七）因健康原因不能适应工作需要的；

（八）其他不宜继续作为选调生情形的。

调整出选调生名单，按照干部管理权限，由县（市、区）委组织部提出书面意见，经市委组织部同意后报省委组织部备案。在市级机关工作的，由所在部门党组（党委）提出书面意见，经市委组织部同意后报省委组织部备案。在省级机关工作的，由所在部门党组（党委）提出书面意见，报省委组织部批准。

第二十条　对经过一定时间锻炼、德才兼备、表现优秀、有发展潜力的选调生，要及时列入后备干部名单。

第二十一条　选调生应在基层至少工作两年，其间不得借调到县级以上党政机关工作。因工作需要进行调动的，须经组织部门同意，按分工和管理权限由组织、人事部门办理调动手续。在县（市、区）内调动的，由县（市、区）委组织部审批，报市委组织部备案；在省辖市内调动的，由市委组织部审批，报省委组织部备案，跨省、市调动的，报省委组织部批准。

第五章　使用

第二十二条　坚持干部队伍"四化"方针和德才兼备原则，进一步解放思想，破除论资排辈、求全责备等观念，根据工作需要和个人条件，积极选拔使用选调生。

第二十三条　选调生在基层工作一定年限后，适合做乡镇、街道领导工作的，经考核表现优秀的，及时提拔进乡镇、街道领导班子工作，适合从事其他领导工作的，也要及时选用。

党政领导班子换届或调整时，应当严格按照有关规定配备年轻干部，优先使用符合任职条件的优秀选调生。

第二十四条　省、市、县党政机关部门补充工作人员，优先从在基层工作两年以上的选调生中选用。由用人单位提出需求意见，同级党委组织部门推荐选调。省级机关部门、单位空缺职位需补充选调生的，由市委组织部在基层工作锻炼两年以上、表现优秀的选调生中推荐，省委组织部根据用人单位需求，采用竞争择优、双向选择等办法，确定用人单位的考察人选。

第二十五条　鼓励选调生积极参加公开选拔和竞争上岗。企事业单位招聘负责人和管理人员时，经上级党委组织部批准，选调生报名参加竞聘可适当放宽任职资格条件，同等条件下优先使用。

第二十六条　为做好优秀年轻干部的储备，省市两级要重点掌握一批优秀选调生名单，做好跟踪考察，加强培养管理。

第六章　组织领导

第二十七条　各级党委要把选调生工作作为建设高素质干部队伍的一项重要内容，纳入干部队伍特别是后备干部队伍建设整体规划，认真抓好落实。

第二十八条　各级组织部门作为选调生工作的主管部门，在日常工作中应与编制、人事、教育等部门建立沟通合作机制，及时交流情况，研究解决问题，形成工作合力。

第二十九条　建立健全责任明确、分级负责的选调生工作管理体制和运行机制。

省委组织部负责制定选调生工作规划及选调生的选调、派遣、综合协调和宏观管理。定期对选调生工作进行专题研究，总结推广经验，树立宣传典型，抓好各项规章制度的落实。对重点掌握的优秀选调生实施跟踪培养。

市委组织部负责选调生的跟踪管理工作，制定具体管理制度和培养使用措施，督促检查培养锻炼措施和选拔使用的落实。定期召开选调生工作座谈会或工作经验交流会，全面掌握选调生表现情况和管理情况，并做好上下沟通协调工作。

县（市、区）委组织部按照干部管理权限对选调生负责人制定培养锻炼措施，抓好日常管理，定期向上级组织部门汇报选调生的锻炼成长情况，提出调整使用意见。

选调生所在单位党组织负责直接管理，积极做好传帮带。经常了解掌握选调生工作、学习和生活情况，听取他们的意见和建议，及时研究解决存在的问题，帮助他们解决后顾之忧。定期向上级组织部门报送选调生工作信息，提供选调生工作实绩、学习培训和考察考核的档案材料。

第七章　附　则

第三十条　各地可根据本办法并结合实际情况，制定具体的实施细则。

第三十一条　本办法由中共江苏省委组织部负责解释。

第三十二条　本办法自印发之日起实施。

4. 内蒙古选调生工作暂行办法

（呼组字〔2003〕30号）[1]

第一章　总　则

第一条　从高等院校选调优秀大学毕业生（以下简称选调生）到基层工作、进行重点培养，是培养选拔优秀年轻干部、加强领导班子及其后备干部队伍建设的一项基础性工作。为了切实做好这项工作，根据《国家公务员暂行条例》、中组部有关文件精神和《内蒙古自治区国家公务员录用办法》（内蒙古自治区人民政府第117号令），结合我区实际，制定本办法。

第二条　选调生工作贯彻党管干部原则；德才兼备、任人唯贤原则；公开、平等、竞争、择优的原则；注重发展潜力、重视培养提高的原则；备用结合、动态管理的原则。

---

[1] 出处：选调生网.内蒙古选调生工作暂行办法（呼组字〔2003〕30号）. http://www.xds.work/xuandiaozixun/benzhanxinwen/2013/04/96.html.

第三条　本办法适用于内蒙古党委组织部选调的优秀大学毕业生的管理。

第二章　选调

第四条　选调工作由自治区党委组织部牵头，由自治区人事厅、发展计划委员会和教育厅制订选调计划，组织部负责具体组织实施。选调生就业在编制和当年进人计划内进行。

第五条　选调对象和范围是：自治区内外高等院校的应届优秀大学毕业生中有志于从事党政工作并有发展潜力的学生。主要选调本科生、研究生中的中共党员、优秀学生干部和三好学生。专科生和函授生不列入选调范围。

第六条　选调生必须具备以下条件：

（一）能够认真学习马列主义、毛泽东思想、邓小平理论和"三个代表"重要思想，热爱社会主义祖国，拥护党的领导，自觉执行党的路线、方针和政策；

（二）具有良好的思想政治素质和道德品质具有坚定正确的理想信念，品行端正，遵纪守法；

（三）勤奋好学，成绩优良，善于思考，有一定的语言文字表达能力和组织协调能力，关心集体，团结同学；

（四）有较强的事业心和责任感，吃苦耐劳，用于到基层和艰苦环境中工作，服从组织安排；

（五）身体健康。

第七条　选调工作贯彻"公开、平等、竞争、择优"原则，按以下程序进行：本人自愿报名院校党组织审核推荐、组织（人事）部门考核、公务员（参照国家公务员制度管理机关工作者）录用考试（笔试、面试）、体检、组织部研究审定。

第八条　选调生在上岗前，由自治区党委组织部统一组织岗前培训。培训内容主要包括：马列主义、毛泽东思想、邓小平理论和"三个代表"重要思想教育；党的基本路线、方针、政策教育；党性、革命传统和世界观、人生观、价值观教育；国情、区情和形势与任务的教育；从事基层工作的思想准备与相关知识教育等。

第九条 每年选调生总体安排方案由自治区党委组织部和人事厅共同下达,各盟市和自治区各有关单位组织(人事)部门根据具体情况研究确定选调生的工作单位,并将结果报自治区党委组织部备案。

第十条 选调生的去向主要是苏木乡镇街道党政工作部门。根据工作需要和选调生专业特点,也可以适当安排到各级党政机关和所属二级单位及企业、科研院所工作。其中,拟安排在自治区直属机关工作的,应控制在当年选调生的十分之一内。

第三章 管理

第十一条 自治区党委组织部负责全区选调生工作的宏观管理和政策指导,检查工作落实情况,总结交流工作经验,研究解决有关问题。各盟市、自治区有关直属单位组织(人事)部门,各旗县(市、区)委组织部在选调生的管理方面负有直接责任,要有专人负责,加强具体指导。选调生所在单位的党组织负责人是选调生日常管理的第一责任人,要按照干部管理和选调生工作的有关要求做好工作。

第十二条 选调生工资待遇按国家和自治区有关规定执行。安排到企事业单位工作的,享受所在单位人员工资福利待遇,三年内调入党政机关可不再参加公务员考录。选调生的工龄从到自治区党委组织部报道之日算起。

第十三条 选调生在苏木乡镇和旗县(市、区)及所属单位工作的,其档案由旗县(市、区)委组织部负责管理;在盟市和自治区所属单位工作的,其档案由主管机关组织人事部门负责管理。调整出选调生名单的,其档案按干部管理权限负责管理。

第十四条 选调生在自治区范围内正常调动工作的,原主管组织(人事)部门,要向新的主管部门介绍有关情况,移交档案及有关材料,并向自治区党委组织部备案;选调生调出自治区工作的,也要向自治区党委组织部备案。

第十五条 选调生在工作期间报考各类研究生,需要全脱产学习的,所在单位要给予鼓励和支持,并采取积极措施给予安排。研究生毕业后返回原单位工作的,学习期间保留其公务员资格,工龄连续计算,享受原有的工资、福利、住房等方面的待遇。

第十六条 对选调生实行动态管理,建立退出机制。一般根据年度考核情况,每年进行一次调整,对那些不适合继续做党政领导干部培养的选调生要及时调整出选调生名单。

凡有以下情况之一的,应及时调整出选调生名单:年龄在40岁以上的;身体健康状况不佳、不能坚持正常工作的;不服从组织安排、工作表现不好、发展潜力不大的;在政治思想、道德品质、遵纪守法、廉洁自律等方面有问题的;辞职、离岗、自谋职业和调离自治区工作的。凡拟调整出选调生名单的,要有盟市、旗县(市、区)委组织部和自治区有关单位组织(人事)部门提出意见,填写《选调生调整审批表》报自治区党委组织部同意并备案。组织(人事)部门要正式通知本人并做好思想工作。已经担任县处级以上职务的选调生,按照干部管理权限进行管理,不再纳入本管理办法管理范围。

第四章 培养教育

第十七条 选调生的培养教育按照干部管理权限分级负责。选调生的工作单位落实之后,要根据他们的特点和所学专业,逐人制订培养计划,落实培养措施,指定专人负责传、帮、带。要重视和加强对选调生的思想政治教育,使他们坚定正确的理想和信念,树立正确的世界观、人生观、价值观,脚踏实地地锻炼成长。

第十八条 加强对选调生的理论、业务培训。要研究制定选调生培养计划,并列入干部培训计划。选调生每三年要经过党校、行政学院或组织(人事)部门认可的其他培训机构累计三个月以上的脱产培训,自治区党委组织部根据实际情况,不定期地组织科局级以上领导职务的选调生到自治区党校进行脱产培训;盟市、旗县(市、区)委组织部也要根据培养计划,采取岗位培训、脱产轮训等多种方式,对选调生进行理论业务培训。

第十九条 建立年度考核制度。可结合干部年度实际考核一并安排,也可专门组织考核。主要考核选调生政治立场、政治观点、思想品德、学习工作、廉洁自律、生活社交表现,分析选调生成长进步、发展潜力、培养效果等情况。考核结果作为调整、交流、轮岗、提拔使用的主要依据。考核材料要存入本人档案。

第二十条 建立谈话制度和谈话档案。选调生接收单位的领导和旗县（市、区）以上党委组织部门的同志，每年至少要与选调生进行两次正式谈话，及时如实地反馈考核情况，指出存在的不足和努力方向，同时听取他们的意见和建议。谈话要做好记录并装入谈话档案。

第二十一条 要有计划、有目的、有步骤地对选调生进行轮岗交流和挂职锻炼，使他们熟悉多方面的工作。特别是在自治区直属单位及所属部门工作的选调生，有关组织（人事）部门要采取相应的措施，给他们提供到基层锻炼的机会，把他们放到艰苦环境中经受考验，让他们承担一些急、难、险、重的工作任务，从中磨练意志，增长才干，得到全面的锻炼。

第五章 任用

第二十二条 选调生在基层工作二至三年后，要按照干部队伍"四化"方针和德才兼备原则，根据岗位需要，择优选拔任用。适合做苏木乡镇、街道领导工作的，及时提拔到苏木乡镇、街道领导岗位；适合从事党政机关工作的，有计划地补充到旗县（市、区）以上党政机关。旗县（市、区）级以上党政机关补充工作人员，要优先从选调生中挑选。对其中适合做机关领导工作的，应提拔到机关领导岗位。特别优秀的也可破格提拔。

第二十三条 对那些德才素质好、表现突出、有发展前途的选调生，要列入后备干部名单进行重点培养。鼓励和支持选调生积极参加公开选拔领导干部和竞争上岗等活动，同等条件下应优先录用。

二、全国高校选调生工作公告①

（一）辽宁省2020年选调生工作公告

为进一步拓宽干部来源渠道，加强高素质专业化干部人才队伍战略储备和源头建设，持续为辽宁全面振兴、全方位振兴提供组织保证和人才支持，根据《关于进一步加强和改进选调生工作的意见》（组通字〔2018〕17号），辽宁省2020年面向高校符合条件的应届毕业生选拔选调生，现就有关事宜公告如下：

1. 选调对象和数量

（1）选调对象。2020年全日制应届优秀大学毕业生。不限户籍、生源地。定向培养、委托培养和在职培养的毕业生以及网络学院、成人教育学院、独立学院、自学考试等毕业生不列入选调范围。

（2）选调数量。计划选调100人，男女各50人。根据人选申报去向分配到辽宁省有关市工作。

2. 选调条件

（1）具有中华人民共和国国籍。

（2）中共党员（含预备党员，入党时间截至2020年2月29日）；必须有正确的政治立场和政治态度，认真学习习近平新时代中国特色社会主义思想，增强"四个意识"，坚定"四个自信"，做到"两个维护"，在思想上政治上行动上同以习近平同志为核心的党中央保持高度一致，自觉践行社会主义核心价值观，爱党爱国，有理想抱负和家国情怀，甘于为辽宁振兴发展服务奉献。

（3）作风朴实，诚实守信，吃苦耐劳，有较强的组织协调和语言文

---

① 出处：公考咨询.辽宁省2020年选调生工作公告.http://www.chinagwy.org/html/gdzk/liaoning/202001/80_337926.html.

字表达能力,有志于从事基层工作并有一定的发展潜力;本人自愿,服从组织分配。

(4)学习成绩优良,2020年7月31日前取得相应毕业证和学位证。

(5)具有正常履行职责的身体条件和心理素质,符合公务员录用体检标准。

在校期间有违法违纪违规行为、学术不端和道德品行问题的,或法律法规规定不得录用为公务员的,不作为选调对象。

3. 选调程序

(1)个人报名。符合条件的应届毕业生到学校进行报名,报名截止时间为2020年2月29日。

(2)组织推荐。学校对报名人员进行资格初审,集体研究决定推荐人员名单,最多不超过30人。优先推荐优秀学生干部、获得校级以上奖励人员、在校期间具有参军入伍经历的大学毕业生。推荐人员须在学校、院系公示。

(3)报送材料。2020年3月上旬,学校将推荐人员《辽宁省2020年选调生报名申请表》《辽宁省2020年选调生推荐报名人员汇总表》纸质版(各一式两份)和电子版发中共辽宁省委组织部进行资格复审。3月中旬,组织资格审查合格人员进行网络报名。资格审查贯穿选调工作全过程,如发现有弄虚作假等违纪违规行为,随时取消选调资格。

(4)统一考试。2020年4月,中共辽宁省委组织部统一组织笔试、面试,具体时间地点另行通知。

4. 有关政策

(1)选调生身份为公务员,试用期1年。试用期满经考核合格的,按照《公务员法》进行任职定级。考核不合格的,取消录用资格。

(2)新录用选调生全部安排到辽宁省所辖乡镇工作。工作单位确定后,统一安排到下辖村任职2年(含试用期),不得提前结束在村任职或借调到上级机关。

(3)在乡镇工作未满3年(含在村工作时间)的选调生,不得调入县

（市、区）及以上机关；在市及以下机关工作未满5年的选调生，不得调入省直机关。

（4）上级机关补充工作人员，应拿出一定比例优先从选调生中遴选。

（5）对表现突出的选调生，根据工作需要和个人条件，择优选拔进县（市、区）乡（镇、街道）党政领导班子或交流到上级机关。

（6）符合条件的选调生，可享受各县（市、区）引进人才有关政策待遇。

中共辽宁省委组织部
2020年1月8日

（二）黑龙江省2021年选调生工作公告

为深入贯彻习近平总书记对进一步加强和改进选调生工作的重要指示，加强年轻干部队伍"源头工程"建设，大力吸引高层次高素质优秀人才，助推黑龙江经济社会发展，根据中共中央组织部《关于进一步加强和改进选调生工作的意见》（组通字〔2018〕17号），经研究，决定2021年度继续面向部分国内外大学定向选调一批应届优秀毕业生。现将有关事宜公告如下：

1. 选调单位

省直厅局，省直相关厅局。

市（地）直单位：哈尔滨、齐齐哈尔、牡丹江、佳木斯、大庆、鸡西、双鸭山、伊春、七台河、鹤岗、黑河、绥化、大兴安岭市（地）直机关。

区直单位：部分市辖区区直机关。

2. 选调对象

部分国内大学的2021年在校应届全日制本科及以上学历优秀毕业生。不包含：定向培养、委托培养的应届本科生、研究生，独立学院毕业生，民办高等院校毕业生，毕业后申请第二学士学位毕业生，各类成人教育、远程教育的毕业生。

全日制本科在招录范围的国内大学就读，并取得相应学历学位的2021年在校应届全日制硕士毕业生；全日制本科或硕士在招录范围的国内大学就读，并取得相应学历学位的2021年在校应届全日制博士毕业生。

部分国（境）外大学2020年8月1日至2021年7月31日毕业，并取得教育部学历认证的全日制硕士研究生及以上学历学位毕业生（全日制本科须有国内大学就读经历，并取得相应学历学位）。上述条件满足其一即可。

3. 选调条件

（1）具有中华人民共和国国籍和户籍，且无国（境）外永久居留权。
（2）思想政治素质好，有正确的政治立场和政治态度，认真学习领会习近平新时代中国特色社会主义思想，增强"四个意识"，坚定"四个自信"，坚决做到"两个维护"，对基层人民群众怀有深厚感情。

（3）学习成绩优良，专业知识扎实，能够按时获得相应学制的毕业证和学位证，研究生学历的须具有大学本科学历和学士学位。具有一定的组织协调、综合分析、语言表达和文字综合能力。国内大学应届本科、硕士毕业生应于2021年7月31日前取得相应毕业证和学位证，应届博士毕业生应于2021年12月31日前取得相应毕业证和学位证。

（4）品行端正，肯于吃苦，甘于奉献，事业心和责任感强，有发展潜力。

（5）18周岁以上，本科生年龄为30周岁以下（1989年11月及以后出生），硕士研究生年龄为32周岁以下（1987年11月及以后出生），博士研究生年龄为35周岁以下（1984年11月及以后出生）。具有参军入伍经历人员年龄相应放宽两岁。条件优秀的，年龄可适当放宽。

（6）符合下列四项条件之一的优先选调：①中共党员（含中共预备党员）；②在本科或研究生学习期间至少连续半年担任过学生干部；③在本科或研究生学习期间获得过校级以上奖励；④具有参军入伍经历（上述条件计算时间截止到2020年11月20日）。

（7）身体健康，符合录用公务员的体检标准。

（8）凡在校期间有违法违纪违规行为、学术不端或道德品行问题，或受过处分的人员，或有《中华人民共和国公务员法》和其他有关法律法规规定不得录用为公务员情形的，不得报考。报考人员不得报考录用后即构成回避关系的招录岗位。

4. 选调程序

（1）人选报名

报名时间为11月3日8：30至11月20日17：30。符合条件的学生自愿报名，登录"黑龙江省选调生工作网"（http：//gongxuan.ljxfw.gov.cn），点击"报考人员入口"，进入定向选调生报名端口，注册并如实填写《黑龙江省2021年定向招录选调生报名推荐表》。上传近期正面免冠证件照（红、蓝、白底均可，jpg格式，利用图片软件制作时，照片宽高为130×160像素，分辨率350dpi，颜色模式为24位RGB真彩色）。每人填报2个志愿，第一志愿为省直或者各市（地）直岗位，第二志愿为各市（地）直岗位（不含哈尔滨市）或者区直岗位，第二志愿报考的市（地）直岗位不得与第一志愿报考的市（地）相同，两个志愿均需符合岗位报考条件。职位志愿为梯次志愿，在填报志愿时，应尽量形成梯次，避免扎堆报考导致落选。第一志愿和第二志愿分批次录取，视情况适当调剂。

（2）资格审查

按选调对象、选调条件和岗位报考条件对第一志愿报考该岗位的考生进行资格审查。资格审查结果通过"黑龙江省选调生工作网"报名系统反馈。审查后不符合岗位报考条件的，可在报名时间内改报其他岗位。资格审查将贯穿招录工作全过程，一经发现填报信息不实或不符合选调条件的，取消其选调资格。

（3）学校推荐

通过报名资格审查的国内大学报考人员及时从报名系统正反面打印1份《黑龙江省2021年定向招录选调生报名推荐表》（以下简称《推荐表》）报所在院系审核盖章，学校就业指导部门根据选调条件提出推荐意见。考生在11月20日17：30前将院系和学校盖章的《推荐表》正反面彩色扫描件（PDF格式，分辨率300dpi）上传报名系统。《推荐表》纸质版待考察时由考察组收取。通过报名资格审查的国（境）外大学报考人员在11月20日17：30前将本科或研究生阶段的导师出具的推荐信（具体写明在校期间思想、学习、科研等方面情况）扫描件（PDF格式，分辨率300dpi）上传报名系统。推荐信纸质版待考察时由考察组收取。

（4）二轮选报

11月22日，各招录岗位报名数量情况在"黑龙江省选调生工作网"进行公布。11月23日8：30前，报名成功的考生可以自行登录"黑龙江省选调生工作网"报名系统，根据各招录岗位报名数量进行二轮选报（仅能修改本人的报考岗位信息）。审查通过的，二轮选报成功。审查不通过的，仍维持原志愿岗位。

（5）考试

黑龙江省委组织部统一组织考试，考生在考试当天持本人准考证和身份证原件到指定考点参加考试。考试分为笔试和面试，笔试科目为《综合素质测试》，面试为结构化面试形式，满分均为100分。笔试、面试时间暂定为2020年12月5日、6日，地点设在哈尔滨市（具体考试时间、地点以准考证注明为准，请考生及时关注"黑龙江省选调生工作网"的通知公告）。

2020年11月底（具体时间以"黑龙江省选调生工作网"发布通知为准），考生可从报名系统打印本人准考证，请及时关注网站通知。从关心关爱出发，按相应标准给予参加考试的外地考生往返路费和住宿费用补贴以及防寒衣物。

（6）考察和体检

在面试、考试总成绩（考试总成绩=笔试成绩×45%+面试成绩×45%）达到合格分数以上的考生中（合格分数线根据实际考试情况划定），综合考虑干部队伍结构、工作岗位需求、考生专业、考试成绩、个人志愿、学校推荐意见等，确定体检、考察对象。考察拟定于2020年12月中下旬（具体时间以"黑龙江省选调生工作网"发布通知为准）进行，由黑龙江省委组织部牵头组织实施。考察主要了解考生的政治素质、道德品行、学习成绩、遵纪守法等综合表现情况，并进行综合素质评定（满分100分），考察时一并进行报考资格复审。体检拟定于2020年12月中下旬进行（具体时间另行通知），由黑龙江省委组织部按照公务员录用体检标准和程序牵头组织实施。体检费用待入职后，由所在单位予以报销。黑龙江省委组织部根据总成绩（总成绩=笔试成绩×45%+面试成绩×45%+综合素质评定分数×10%）体检和考察情况，择优确定拟选调人选，并进行公示，招录岗位根据报考情况可适当调整。以上涉及按照总成绩排名的环节，如总成绩相同，则以面试成绩高者排名列前。如面试成绩、总成绩均相同，则以笔试成绩高者排名列前。

办理录用手续和岗前培训。对公示无异议的拟选调人选，经黑龙江省委组织部研究后确定为正式选调人员，并分别与选调人员签定就业协议书。2021年7月，待选调人员正式毕业后，黑龙江省委组织部为其集中办理公务员录用相关手续。被录用的选调人员正式到岗后，黑龙江省委组织部统一组织集中培训（具体地点和时间另行通知）。对没有在规定时间内获得相应学历、学位或不能正常毕业的选调人员，取消其录用资格。

（7）管理和使用

选调人员试用期间在落编单位工作1年，试用期满考核合格后，按照中共中央组织部要求，本人须在县（市、区）以下机关培养锻炼不少于2年，其中至少安排1年时间到村任职。选调人员在村任职期间，履行大学生"村官"有关职责，按照大学生"村官"管理。期满后，根据工作表现及本人意愿，可回到原落编的省、市直单位工作，也可继续留在基层工作（编制相应转到当地）。

用人单位指定相关领导干部担任选调人员导师，对其进行传帮带，帮助选调生熟悉情况、增强本领、锤炼作风。用人单位为选调生建立成长档案，跟踪管理，精准培育。各级组织部门定期组织召开座谈会和谈心谈话。

选调人员试用期为1年，试用期间直接执行定级工资和车补标准，转正定级后级别工资高定两档。试用期满经考核合格的，办理转正手续，并在职数限额内，博士研究生直接任命为二级主任科员，硕士研究生直接任命为四级主任科员，根据工作需要，也可分别任命为正副科级领导职务，本科生直接任命为一级科员；考核不合格的，报黑龙江省委组织部审核后，取消其录用资格。把选调生培养使用纳入年轻干部队伍建设总体规划。每年统筹选派一定数量的定向选调生到乡镇、街道主要领导岗位或县（市、区）党政副职岗位上任职。上级机关补充工作人员，按一定比例优先从选调生中遴选。根据服务期满考核结果，按照不超过总数20%的比例评选优秀定向选调生。省直厅局的定向选调生，符合省直青年公寓申请条件的每人给予1000元/月的租房补贴，连续发放5年，其间申请到省直青年公寓不再发放。对于招录到黑龙江省各市（地）单位的定向选调生，可享受当地引进人才相关政策，详见《黑龙江省各市（地）2021年定向选调生招录政策》。选调人员在黑龙江省最低服务年限为5年（含试用期），其间不得通过考录、借调等方式离开黑龙江省，否则按照《最低服务年限承诺书》有关条款追究责任。考生在提交报名信息后，请务必保持通信畅通。因无法与考生取得联系造成的后果，由考生本人负责。本次选调工作将严格执行国家和黑龙江省疫情防控相关规定，并将根据最新疫情防控要求做动态调整，具体要求将在"黑龙江省选调生工作网"另行通知，请及时关注。

此公告由黑龙江省委组织部负责解释。

中共黑龙江省委组织部
2020年10月

（三）河北省2020年选调生工作公告[①]

为深入推进京津冀协同发展、雄安新区规划建设、北京冬奥会筹办等重大国家战略和国家大事，主动适应经济强省、美丽河北建设对高层次人才的需求，根据《公务员法》、中共中央组织部《关于进一步加强和改进选调生工作的意见》（组通字〔2018〕17号）和《河北省选调生工作办法》等政策法规，河北省决定开展2020年度面向有关院校定向招录选调生工作。现将有关事项公告如下。

1. 选调对象

列入《河北省2020年度定向招录选调生有关院校（学科）名单》范围院校（学科）的毕业生，主要包括三个方面。

（1）国内重点院校。国内"一流大学"建设院校、"一流学科"建设院校相关学科、部分知名科研院所、部分财经类和政法类院校相关专业中，2020年度全日制大学本科及以上学历应届毕业生。

（2）国（境）外部分知名院校。附件1（略）所列国（境）外知名高校中，在规定时限毕业且获得国家教育部学历学位认证的硕士研究生及以上学历学位毕业生。

（3）河北省属骨干本科院校。河北省属13所骨干本科院校按照有关规定和程序择优推荐的，2020年度全日制大学本科及以上学历应届毕业生。

2. 选调职位

2020年度全省定向招录选调生共提供1135个职位，其中省直单位职位

---

① 出处：中公网校.河北省2020年选调生工作公告. http://www.eoffcn.com/kszx/gonggao/1056847.html.

52个、市直单位职位333个、县直单位职位750个。

符合职位条件要求的国内重点院校毕业生可报考省直、市直和县直相应职位，国（境）外知名高校毕业生可报考省直和市直相应职位，河北省属骨干本科院校推荐生可报考县直相应职位。

3. 资格条件

报考人员除应当符合《公务员录用规定》要求的资格条件外，还应符合以下条件：

（1）具有中华人民共和国国籍，且无国（境）外永久居留权。

（2）思想政治素质好，认真学习习近平新时代中国特色社会主义思想，牢固树立"四个意识"和"四个自信"，具有为民服务、为国奉献的远大理想和报国情怀，有一定的组织协调能力。

（3）学习成绩优良，能够按期毕业并取得相应学历学位证书。国内院校毕业生应为国家计划内招收的全日制大学本科及以上学历应届毕业生（不含定向培养生、委托培养生以及网络学院、成人教育学院、独立学院、民办分校等毕业生，与校本部同批次录取且学历学位证书颁发单位署名一致的分校毕业生可纳入范围），一般应于2020年7月31日前获得学历学位证书；国（境）外部分知名高校毕业生一般应为2019年8月1日至2020年7月31日毕业，并取得国家教育部学历学位认证的硕士研究生及以上学历学位毕业生（全日制本科一般须有纳入本次选调范围的国内高校就读经历，并取得相应学历学位）。受新冠肺炎疫情影响无法如期毕业的，获得学历学位或取得学历学位认证时间，可放宽至2020年12月31日。

（4）本科生一般不超过25周岁（1994年8月及以后出生），硕士研究生一般不超过28周岁（1991年8月及以后出生），博士研究生一般不超过32周岁（1987年8月及以后出生）。条件特别优秀的，年龄可适当放宽。

（5）河北省属骨干本科院校推荐生须为中共党员（含预备党员），担任相关学生干部职务连续满1学年；国内重点院校和国（境）外院校毕业生中，中共党员、学生干部（在各级党组织和院系以上团组织、学生会、研究生会以及班委会中任职满1学年）获得院（系）级以上荣誉或奖励、具有参军入伍经历的,同等条件下优先录用。

(6)须同时符合招录职位要求的学历、专业等其他条件。

在校期间受过处分,或有法律法规规定不得录用为公务员情形的,不得报考。

4. 选调程序

(1)报名

报名时间为2020年4月1日9:00至4月20日18:00。考生登录河北省人事考试网报名网址(http://www.hebpta.com.cn/hebpta/),查询职位信息,进行网上报名。报名时请注意以下事项:

①符合职位条件要求的国内重点院校毕业生,可同时报考3个职位,即1个省直职位、1个市直职位和该市的1个县直职位,其中,报考定州市职位的可兼报保定1个市直职位,报考辛集市职位的可兼报石家庄市1个市直职位;国(境)外院校毕业生,可在标注面向国(境)外院校招录的职位中,同时报考2个职位,即1个省直职位和1个市直职位;河北省属骨干本科院校推荐生,可在标注专门面向省属骨干本科院校招录的职位中,报考1个县直职位。

②考生按要求填写报考信息后,通过系统内"报名表下载"功能,打印《河北省2020年度定向招录选调生报名表》(以下简称《报名表》)。打印的《报名表》信息不得改动,如有修改须通过报名系统修改后重新下载打印。

国内院校报考人员,《报名表》相关信息确定并经所在院(系)党组织、学校就业中心审核盖章后,制作成电子文档(扫描或拍摄,文档内容及盖章应清晰可辨,大小控制在2M以内),在系统中上传后提交审核。国(境)外院校报考人员,《报名表》中"院校审核盖章"一栏可空白,《报名表》和本科学历学位证书一并制作成电子文档,按上述程序提交审核。受疫情影响确实无法在报名期间完成学校审核盖章、学历学位证书电子文档制作的,可征得报考单位同意后,于参加笔试时携带相关材料进行现场核验。

③网上报名实行严格的自律机制,考生必须遵守报名系统中《诚信承

诺书》相关要求，对提交审核报名信息的真实性、准确性负责。

④网上报名须使用有效的二代居民身份证申请"用户名"。登录报名系统后可填报信息、选择报考职位，提交审核。"用户名"是登录报名系统的唯一标识，密码可以修改，请务必准确牢记。

⑤《报名表》须上传小二寸近期电子彩色照片（蓝底、正面、免冠、jpg格式、30K以下），否则将被报名系统自动拒绝。

⑥各职位最低开考比例为1∶2，截至4月20日18：00，对报名人数未达到最低开考比的，核减相应职位选调计划。若该职位选调计划核减为0，则报考该职位人员，可于4月21日9：00—18：00，按以上程序重新报名，未在规定时间内重新报名的，视为自动放弃。

（2）资格审查

对提交审核的考生，一般在2个工作日内完成资格审核，并通过报名系统反馈审核结果。未通过审核的，可根据提示补充或修改信息并重新盖章后提交审核；审核通过后，除因职位核减需重新报名审核外，填报信息将不能修改。资格审核截止时间为4月23日18：00。

通过资格审核的考生，按要求在规定时间内登录河北省人事考试网，下载打印笔试准考证（A4纸，下载打印时间另行通知）。

资格审查贯穿考录工作全过程，提供情况不实的，一经发现，取消录用资格。

（3）笔试

笔试在河北省石家庄市进行，考场地点在准考证上注明，考试时间另行通知。笔试内容包括基本素质和能力测试，满分100分，考试范围参考《中央机关及其直属机构2020年度考试录用公务员公共科目考试大纲》。

考生需持本人身份证和笔试准考证参加笔试；网上报名时因故提交材料不全的，还需同时携带相关材料原件进行现场核验。

笔试阅卷结束后，根据笔试成绩由高到低排序，各职位按照选调计划1∶3的比例，确定进入面试人员名单。笔试成绩将划定最低录取控制线，低于控制线的不能进入面试。笔试人数与选调计划低于1∶3比例的职位，笔试成绩在最低控制线以上的考生，可全部进入面试。笔试成绩、最低录取控制线和进入面试情况，将及时在河北省人事考试网公布。

（4）面试

面试在河北省石家庄市进行，面试具体时间、地点及有关要求另行通知。

面试主要以结构化面试方式进行，满分为100分；部分专业性较强的职位可增设专业测试，专业测试满分为100分。考生的考试总成绩=笔试成绩×40%+面试成绩×60%；有专业测试的职位，考生总成绩=笔试成绩×40%+结构化面试成绩×50%+专业测试成绩×10%。结构化面试、专业测试和考试的总成绩在面试结束后公布。

（5）体检和考察

根据总成绩由高到低排序，按照1∶1的比例确定进入体检人员名单。遇有总成绩并列的，取面试成绩高者。在规定时间内，如有放弃人员可按成绩依次递补。体检和考察工作由各省直单位和各市分别组织。

体检项目和标准按照《公务员录用体检通用标准（试行）》及操作手册等有关规定执行，时间另行通知。通过体检的考生要及时将填好个人信息的三方就业协议提交至相关省直单位干部（人事）处或各市委组织部，请提前与所在学校或院系沟通，领取三方就业协议。

考察主要了解考生的政治素质、学习成绩、参加社会实践、遵纪守法等方面情况。如有体检、考察不合格人员，可按照总成绩排序依次递补。

（6）公示和录用

对体检和考察合格人选，按程序确定拟录用人选并进行公示。经公示无异议的拟录用人选正式毕业后，集中办理公务员录用审批相关手续。对没有按时获得相应学历、学位或不能正常毕业的，取消录用资格。

5.选调政策

河北省高度重视定向选调生工作，将其作为培养选拔优秀年轻干部的源头工程和建设高素质专业化执政骨干队伍的战略工程，不断完善政策、改进举措、强化培养，使选调生成为各个领域的骨干和中坚力量。

省委组织部对定向选调生设置6年重点培养期。重点培养期内，各级组织人事部门将根据工作需要及干部德才条件、日常表现等，不断优化培养路径和完善培养措施。同等条件下优先提拔使用、优先推荐参加遴选、优先选调到上级机关。新录用选调生试用期1年，试用期满考核合格的，按照有关规定，本科生、硕士研究生、博士研究生分别任命为一级科员、四级主任科员、二级主任科员或相当层次职务职级；考核不合格的，按程序报审后取消录用。为丰富选调生工作经历，根据有关文件要求，通过到村任职、到对口帮扶或联系单位锻炼等方式，强化选调生的基层历练，时间不少于2年。工作满一定年限后，按规定晋升相应职务职级，其中综合素质高、有发展潜力和培养前途的，在基层锻炼2—3年后，可破格提拔担任上一级领导职务；博士试用期后工作满4年的，可安排副县（处）级职务或相应职级。

选调生被录用后，享受"名校英才入冀"有关待遇，工资按照干部管理权限进行管理，并根据各地各单位相关政策，在租房、购房、交通、医疗等方面享有优惠。

笔试、面试、体检和录用均不收取考生任何费用，希望有志于到河北工作的同学踊跃报考。

（四）甘肃省2021年选调生工作公告①

为认真贯彻落实中共中央组织部《关于进一步加强和改进选调生工作的意见》（组通字〔2018〕17号）精神，大力加强高素质专业化干部队伍建设，从源头上改善干部队伍结构，甘肃省决定2021年继续选调一批全日制应届优秀大学毕业生。现将有关事项公告如下：

1. 选调范围和数量

共计划选调1000人。委托培养、在职培养、定向培养及网络学院、成人教育学院和独立院校的毕业生，已经签定省（区、市）选调生协议或已确定为各级党政机关拟录用人员的高校毕业生，不列入选调范围。

2. 选调条件

（1）具有中华人民共和国国籍。

---

① 出处：甘肃组工网.甘肃省2021年选调生工作公告.http://www.gszg.gov.cn/2020-10/23/c_1126645976.htm.

（2）拥护《中华人民共和国宪法》，拥护中国共产党领导和社会主义制度。

（3）必须有正确的政治立场和政治态度，认真学习习近平新时代中国特色社会主义思想，树牢"四个意识"，坚定"四个自信"，坚决做到"两个维护"，自觉践行社会主义核心价值观，爱党爱国爱社会主义，有理想抱负和家国情怀，甘于为国家和人民服务奉献。

（4）道德品行良好，学习成绩优异，作风朴实，诚实守信，吃苦耐劳，志愿到基层一线和艰苦边远地区工作，服从组织分配。

（5）2021年全日制本科及以上学历应届毕业生，能如期获得毕业证、学位证（毕业时间截至2021年7月31日）。

（6）中共党员、优秀学生干部、获得校级以上奖励、具有参军入伍经历的应届大学毕业生优先选调。

（7）应届毕业博士研究生年龄在35周岁以下（1985年7月31日以后出生），硕士研究生年龄在28周岁以下（1992年7月31日以后出生），本科生年龄在25周岁以下（1995年7月31日以后出生）。

（8）具有正常履职的身体条件和心理素质，符合公务员录用体检标准。

（9）法律、法规规定的其他条件。

（10）具有下列情形之一的，不得报考：
①在校期间有违法违纪违规行为、学术不端和道德品行问题的；
②曾因犯罪受过刑事处罚，在校或者工作期间受过处分的；
③被开除中国共产党党籍、被开除公职的；
④在各级公务员招考中被认定有舞弊等严重违反录用纪律行为的；
⑤被依法列为失信联合惩戒对象的；
⑥公务员和参照公务员法管理的机关（单位）工作人员被辞退未满5年的；
⑦法律法规规定不得录用为公务员的其他情形人员。

3. 选调程序

坚持公开、平等、竞争、择优原则，按照以下程序组织进行：

（1）推荐报名

采取学校推荐和网上报名相结合的方式，学生本人申请，学校按照选调条件审核推荐。报考人员自2020年10月26日08：00至11月6日18：00登录甘肃组工网（www.gszg.gov.cn），按照系统提示进行注册，如实、准确填写报考信息的各项内容，下载打印《甘肃省2021年选调应届优秀大学毕业生报名推荐登记表》，经院定向选调生之家公众号校党组织审核，签注推荐意见并加盖公章后上传电子版（电子版需为PDF格式，分辨率300dpi；推荐表纸质版待考察时由考察组收取；少数民族高层次骨干人才培养计划定向到甘肃省就业且无定向工作单位的毕业生，需同时上传协议电子版）。未按要求上传或填写不规范的，不予进行资格初审。

（2）资格初审

省委组织部对报考人员的资格条件进行初审，报考人员于2020年10月28日08：00至11月10日24：00，登录报名系统查询资格初审结果。通过资格初审的报考人员于2020年11月13日08：00至11月21日09：00，登录甘肃组工网下载打印准考证，并妥善保管，以备笔试、面试、体检等环节使用。

（3）组织考试

①笔试。a.笔试为综合能力测试，时间为2020年11月21日上午9：00至12：00，笔试考点设置在兰州，具体见准考证。省委组织部根据考生笔试成绩划定合格线，成绩合格者进入面试。2020年11月底，登录甘肃组工网查询笔试成绩及面试通知有关事宜。b.应试人员必须携带网上打印的准考证和有效居民身份证原件（有效期内的居民身份证或临时居民身份证）参加笔试，两证不全者不得参加。居民身份证遗失的应试人员，应及时到公安部门补办临时居民身份证。c.请所有参加笔试的考生，做好自我健康监测，从考前14天开始，每天测量体温，如实填写《甘肃省2021年选调应届优秀大学毕业生考试疫情防控体温测量登记表》（附件3）。考试需提供健康码"绿码"和自公告发布之日起填写的体温测量登记表A4纸质版；考生不得携带任何考试用具和其他与考试无关用品。

②面试。面试考点设置在兰州。参加面试的人员，须提供本人有效居民身份证原件、准考证和《面试通知书》。缺少上述证件之一者，不得参加面试。面试具体时间和地点另行通知。

③根据考试期间国内疫情情况，甘肃省按照疫情防控工作要求和相关规定，严格落实对中、高风险地区来甘考生各项疫情管控措施。

（4）确定拟录用人员

按照笔试成绩60%、面试成绩40%的比例计算综合成绩，根据综合成绩由高到低确定拟录用人员，省委组织部根据有关单位选调需求统筹安排工作单位。

（5）体检

省委组织部组织省直部门拟录用人员进行体检，各市（州）党委组织部组织市县拟录用人员进行体检，体检按照公务员录用体检标准等有关规定执行。

（6）考察和资格复审

考察主要了解拟录用人员政治素质、道德品行、能力素质、心理素质、学习和现实表现、遵纪守法等方面的情况。考察时进行资格复审，重点审核档案、学历学位证明等相关材料。考察和资格复审不合格者，不予录用。

（7）公示录用

对体检和考察合格者进行公示，公示无异议的，按规定程序办理录用手续。对公示中有问题反映，经调查核实，不符合录用条件的，不予录用。

（8）专题培训

选调生到岗工作一段时间后，省委组织部统一组织培训。

4. 日常管理

（1）新录用选调生试用期为一年，试用期满合格的，按照有关文件规定正式办理公务员登记备案并进行任职定级；不合格的，取消录用资格。

（2）按照中共中央组织部《关于进一步加强和改进选调生工作的意见》（组通字〔2018〕17号）精神，选调生试用期满后到村任职2年，所在单位不得延期选派或提前调回。选调生在村任职期间，履行大学生"村官"职责，按照大学生"村官"管理，其间不得借调或交流到上级机关。

（3）试用期及期满考核、转正定级、辞职辞退、工作调动、职务晋升等日常管理，按照干部管理权限，由所在单位组织人事部门依据公务员法和干部工作有关政策规定办理。符合条件的，可享受当地各项人才引进优惠政策。

5. 其他事宜

（1）考生应诚信报考，如实填报信息，提供有关证明材料。资格审查贯穿选调工作全过程，提供、填写虚假信息或审查发现资格不符的，一律取消选调资格。

（2）本次选调不收取任何费用。笔试、面试不指定考试辅导用书，不举办也不委托任何机构举办考试辅导培训班，请广大报考人员切勿上当受骗。

甘肃省委组织部将于2020年10月下旬组织开展宣介，具体时间地点请关注各相关高校就业信息。

本公告由甘肃省委组织部负责解释。

附件：

1.甘肃省2021年选调应届优秀大学毕业生选调范围（略）

2.甘肃省2021年选调应届优秀大学毕业生报名推荐登记表（略）

3.甘肃省2021年选调应届优秀大学毕业生考试新冠肺炎疫情防控个人监测信息登记表（略）

中共甘肃省委组织部
2020年10月23日

（五）四川省2021年选调生工作公告[①]

1. 选调范围

清华大学、北京大学2021年大学本科及以上学历学位应届毕业生，具体包括：

全日制应届大学本科学历、学士学位毕业生。

非定向就业的应届硕士研究生及以上学历学位毕业生。

四川省定向培养的少数民族高层次骨干大学本科及以上学历学位应届毕业生（非在职）。

[①] 出处：中公教育.四川省2021年选调生考试公告. https://www.zgxds.cn/sc/ksxx/ksgg/53022_3.html.

2. 资格条件

报考人员除了应当符合《中华人民共和国公务员法》（以下简称公务员法）、《公务员录用规定》规定的资格条件外，还应当符合以下条件：

（1）具有中华人民共和国国籍和户籍，且无国（境）外永久居留权。

（2）对党忠诚，有正确的政治立场和政治态度，认真学习习近平新时代中国特色社会主义思想，增强"四个意识"，坚定"四个自信"，做到"两个维护"，在思想上政治上行动上同以习近平同志为核心的党中央保持高度一致，坚持走中国特色社会主义道路，自觉践行社会主义核心价值观，爱党爱国，有理想抱负和家国情怀，甘于为国家和人民服务奉献。

（3）作风朴实，诚实守信，有较好的组织协调能力、人际沟通能力和语言文字表达能力，服从组织安排。

（4）学习成绩优良，应届本科、硕士毕业生应于2021年7月31日前取得相应毕业证和学位证，应届博士毕业生应于2021年12月31日前取得相应毕业证和学位证。

（5）18周岁以上，应届博士毕业生35周岁以下（1984年9月14日以后出生），应届硕士毕业生30周岁以下（1989年9月14日以后出生），应届大学本科毕业生25周岁以下（1994年9月14日以后出生）。具有参军入伍经历人员相应放宽两岁。

（6）符合下述条件之一：

①加入中国共产党（含预备党员）；

②具有参军入伍经历；

③校级及以上"优秀青年马克思主义者培养工程"培养对象；

④获院系级及以上荣誉或奖励（含奖学金）；

⑤担任学生干部一学年以上。上述条件均须在2020年9月28日前取得，其中3至5项条件须在大学就读期间取得。

（7）具有正常履行职责的身体条件和心理素质。

（8）凡有以下情形之一的人员，不得报名：①定向、委托培养或在职攻读学历学位的；②是现役军人的；③在校期间有违法违纪违规行为、学术不端或道德品行问题的；④受过处分的或因犯罪受过刑事处罚的；

⑤被开除中国共产党党籍的；⑥被开除公职的或公务员（参公人员）被辞退未满5年的；⑦被依法列为失信联合惩戒对象的；⑧在公务员招考中违规违纪在禁考期内的；⑨干扰或妨碍新型冠状病毒肺炎疫情防控的；⑩具有法律法规规定不得录用为公务员的其他情形的。

3. 选调

（1）报名程序和资格初审

①网上报名。符合选调范围、资格条件的人员，认真阅读《公告》后，于2020年9月14日至28日，按网络提示登录报名网站（http：//202.61.89.231/mybm/sou.aspx），如实、准确、完整填写《四川省2021届急需紧缺专业选调生报名推荐表》（信息填报后不能更改，填写说明详见附件3），选择符合条件的职位报名（每人可报3个职位志愿，其中省直部门职位只能在第一、第二志愿中填报），同时下载照片审核处理工具（在《报名推荐表》上传照片处下载）进行照片处理，并按网络提示上传照片。不按要求填报或提供、填写虚假信息的，一经查实，即取消选调资格。职位志愿系梯次志愿，不得重复报考同一省直选调部门或同一市（州）的职位。不得报考与招录公务员法第七十四条所列回避情形的职位。

②资格初审。资格初审和照片质量检查时间为9月15日至29日，由第一职位志愿所属的招录机关，按选调范围、资格条件和第一职位志愿要求进行。资格初审合格的，不能再报考其他职位；不合格的，可在报名截止日期前重新选择符合条件的职位报名。资格初审通过且照片质量合格的考生，须于10月16日前登录报名网站（http：//202.61.89.231/mybm/sou.aspx），按网络提示打印《四川省2021届急需紧缺专业选调生报名推荐表》一式两份，报所在院系审核盖章，并由学校党委组织部或就业主管部门在符合选调范围和资格条件的人员中核准推荐。资格审查贯穿选调全过程，任何时候发现考生资格不符，即取消选调资格。

③打印准考证。资格初审通过和照片质量合格的考生，凭身份证号、姓名，于10月12日至10月14日登录报名网站（http：//202.61.89.231/mybm/sou.aspx）打印本人准考证（使用A4纸打印，黑白、彩色均可，保证字迹、照片清晰）。

（2）笔试科目1门，采取闭卷方式进行，满分100分，占考试总成绩的50%。笔试时间为10月15日，考场设在北京。考生应按准考证上的时间、地点，凭准考证和有效居民身份证参加。笔试成绩于10月17日前在报名网站（http：//202.61.89.231/mybm/sou.aspx）公布。省委组织部根据笔试情况划定笔试合格分数线，未达到合格分数线的人员，不能进入面试。因疫情防控等原因，需调整笔试时间、地点等事项的，将在学校就业信息网另行通知，请及时关注相关信息。

（3）面试根据考生笔试成绩，按考生填报的第一、第二、第三志愿依次确定进入面试人选。报考省直部门职位人员的面试，根据考生志愿和笔试成绩，按选调名额的5倍从高到低，分轮次确定各职位进入面试人员名单。最后一名笔试成绩相同的，一并进入面试。面试前对考生进行资格审查，资格审查不合格的，取消面试资格。因资格审查不合格或考生自愿放弃等形成的缺额，可在第一志愿报考该职位的考生中按笔试成绩依次递补。递补后仍有缺额的，在第二志愿报考该职位、符合该职位条件且未按第一志愿进入面试的考生中，按笔试成绩再依次递补。报考市（州）职位人员的面试，所有笔试合格分数线以上且未进入省直部门职位面试人员名单的考生，均可参加。面试前对考生进行资格审查，资格审查不合格的，取消面试资格。面试采取结构化方式进行，满分100分，占考试总成绩的50%。省委组织部根据面试情况，划定面试合格分数线。未达到面试合格分数线的人员，不能进入下一环节。面试时间为10月18日，考场设在北京。进入面试人员名单、面试时间、地点等事项，将在学校就业信息网另行通知。考生应按要求，凭笔试准考证、有效居民身份证、学生证、《四川省2021届急需紧缺专业选调生报名推荐表》（盖章）参加。因疫情防控等原因，需调整面试时间、地点等事项的，将在学校就业信息网另行通知，请及时关注相关信息。

（4）签约。根据考生填报的职位志愿，按考试总成绩（考试总成绩=笔试成绩×50%＋面试成绩×50%），由高到低分轮次确定各职位拟签约人选。考生应在省委组织部规定时间内完成签约，未在规定时间完成签约视为自愿放弃选调资格。因考生自愿放弃出现的缺额，可在该职位面试成绩合格线以上的考生中，根据职位志愿按总成绩依次递补。总成绩相同的，取笔试成绩高者。拟签约人选签约后进入体检、考察环节，后续因考生放弃或体检、考察不合格等出现的缺额，不再递补。签约的时间和具体安排另行通知。

（5）体检、考察。体检由省直选调部门、各市（州）党委组织部组织实施，按照人力资源社会保障部、国家卫生计生委、国家公务员局《关于修订〈公务员录用体检通用标准（试行）〉及〈公务员录用体检操作手册（试行）〉有关内容的通知》（人社部发〔2016〕140号）执行。公告发布后至本次招考体检实施时，如国家出台体检新规定，按照新规定执行。选调单位或考生对非当日、非当场复检的体检项目结果有疑问的，可在接到体检结论通知之日起7日内提出复检要求。复检只进行一次，体检结论以复检结果为准。考察由省直选调部门、各市（州）党委组织部组织实施，重点考察考生政治素质、政治立场、政治态度和道德品行、社会信用记录、综合现实表现、专业特长、学业成绩、参加社会活动、遵纪守法、心理素质、是否符合选调范围和资格条件、是否需要回避等方面情况。

（6）公示。对拟选调人员，由省委组织部在学校就业信息网进行公示。

（7）确定选调名单。公示期满没有问题或者反映问题不影响录用的，由省委组织部确定为选调人选。反映问题影响录用并查有实据的，取消资格，缺额不再递补。

4. 相关政策

（1）选调人员按所录用省直部门或市（州）党委组织部通知时间，持毕业证、学位证和要求的其他资料报到。超过规定时间且无正当理由未取得国家承认的毕业证、学位证或不报到的，取消录用。

（2）录用到市（州）的，由市（州）党委组织部根据工作需要和编制职数职级空缺情况，结合考生所学专业、个人志愿、经历特长等，安排到市（州）县（市、区）级机关（含参照公务员法管理机关〈单位〉）工作，并按规定办理公务员（参照公务员法管理机关〈单位〉工作人员）录用手续。

（3）新录用公务员试用期为1年，试用期满考核合格的，按照公务员法等相关规定任职定级。录用后按照中共中央组织部有关要求，切实加强选调生教育培训和实践锻炼，丰富工作经历。

（4）各级组织部门建立选调生信息库，加强对选调生的日常管理、跟踪考察。把选调生培养使用纳入年轻干部队伍建设总体规划。对表现突出的选调生，根据工作需要和个人条件，择优选拔进县（市、区）乡镇（街道）党政领导班子或交流到上级机关和重要岗位。上级机关补充工作人员，拿出一定名额优先从选调生中遴选。根据各地人才工作有关政策，可享受相关待遇。本公告由中共四川省委组织部负责解释。

相关事项提醒：

1.为避免影响考试，来自国（境）外地区、国内疫情中高风险地区的考生以及与新型冠状病毒肺炎确诊、疑似病例或无症状感染者有密切接触史的考生，应至少提前15天到达考点所在城市，按照疫情防控有关规定，自觉接受隔离观察、健康管理和核酸检测，并于考试（笔试、面试）当天提供7天内新型冠状病毒肺炎核酸检测阴性证明。考生如因有相关旅居史、密切接触史等流行病学史被集中隔离，考试当天无法到达考点的，视为主动放弃选调资格。仍处于新型冠状病毒肺炎治疗期或出院观察期，以及其他个人原因无法参加考试的考生，视为主动放弃选调资格。选调过程中，因疫情防控等原因，需调整、补充考试时间、地点等事项的，将在学校就业信息网另行通知，请及时关注相关信息。

2.考生不需要缴纳报名考试费和体检费。

3.请考生在网上报名时留下常用电话，在报考期间特别是资格审查和面试、签约前务必保持通信畅通。通信方式有变更的，应主动告知第一职位志愿所属招录机关。因无法与考生取得联系造成的后果，由考生本人负责。

4.如有具体事宜咨询，可与省直选调部门、市（州）党委组织部联系。

参考文献

[1] 萧鸣政，卢亮，王延涛. 选调生政策及其实施效果 [J]. 北京大学教育评论，2015，13（02）：18-30+187-188.

[2] 中共中央文献研究室编：《建国以来重要文献选编》（第二十册），中央文献出版社，1997，第263页。

[3] 汪卫平，牛新春，郑雅君. 为什么要去做定向选调生？——基于某"双一流"建设高校毕业生的质性研究 [J]. 中国高教研究，2020（08）：78-84.

[4] 李亚军. 我国选调生选拔培养实践研究 [D]. 南京大学，2019.

[5] 中共中央组织部：《关于进一步做好选调应届大学毕业生到基层培养锻炼工作的通知》（组通字〔2000〕13号），http://www.offcn.com/xds/2000/0113/315.html，2000年1月12日。

[6] 孙进宝. 中国共产党选调生工作问题研究 [D]. 中共中央党校，2017.

[7] 赵刚印. 西欧主要政党干部的培养与选拔探析 [J]. 学术探索，2009（04）：18-22.

[8] 高等教育部党委：《关于分配一批高等学校文科毕业生到县以下基层单位工作的请示报告》（中发〔1965〕368号），http://znzg.xynu.edu.cn/info/1005/1369.htm，1965年6月11日。

[9] 中共中央：《关于分配一批高等学校毕业生到基层工作的指示》，中国农村综合改革研究中心，1965年6月14日。

[10] 中组部：《关于选调应届优秀大学毕业生到基层培养锻炼的通知》（中组发〔1983〕10号），中国农村综合改革研究中心，1983年8月30日。

[11] 中共中央、国务院：《关于改变中央和国家机关直接从应届大专毕业生中吸收干部的办法的通知》，（中发〔1984〕12号），中国农村综合改革研究中心，1984年4月30日。

[12] 中共中央组织部：《关于进一步做好选调应届优秀大学毕业生到基层培养锻炼工作的通知》（组通字〔2000〕3号），https://job.lzu.edu.cn/htmlfile/article/read/2012-03/article_29084.shtml，2000年2月。

[13] 中共中央办公厅、国务院办公厅：《关于引导和鼓励高校毕业生面向基层就业的意见》（中办发〔2005〕18号），清华大学学生职业发展指导中心，2005年6月25日。

[14] 中共中央办公厅、国务院办公厅：《关于进一步加强西部地区人才队伍建设的意见》（中办发〔2007〕9号），《中国培训》2007年第11期，2007年5月14日。

[15] 中共中央组织部：《关于加强培养选拔年轻干部工作的意见》（中组发〔2009〕8号），贵州公务员考试网，2013年6月18日。

[16] 中共中央组织部、中共中央宣传部、教育部、公安部、民政部、财政部、人力资源和社会保障部、农业部、国家林业局、国务院扶贫办、共青团中央、全国妇联:《关于建立选聘高校毕业生到村任职工作长效机制的意见》(组通字〔2009〕21号),株洲组工网,2009年7月23日。

[17] 中央办公厅、国务院办公厅:《关于进一步引导和鼓励高校毕业生到基层工作的意见》中办发〔2016〕79号,新华社,2017年1月24日。

[18] 中共中央组织部:《关于进一步加强和改进选调生工作的意见》(组通字〔2018〕17号),新华社,2018年5月6日。

[19] 中共中央办公厅:《关于进一步激励广大干部新时代新担当新作为的意见》(中办发〔2018〕29号),http://www.gov.cn/zhengce/2018-05/20/content_5292263.htm,2018年5月20日。

[20] 中共中央、国务院《关于建立健全城乡融合发展体制机制和政策体系的意见》,http://www.gov.cn/zhengce/2019-05/05/content_5388880.htm,2019年4月15日。

[21] 孙进宝.中国共产党选调生工作问题研究[D].中共中央党校,2017.

[22] 江泽秋.选调生工作现状及对策研究[D].河北师范大学,2014.

[23] 管大炜.选调生工作的现状、问题及对策研究[D].山东大学,2010.

[24] 汪卫平,牛新春,郑雅君.为什么要去做定向选调生?——基于某"双一流"建设高校毕业生的质性研究[J].中国高教研究,2020(08):78-84.

[25] 把潇.中国选调生政策存在的问题与对策研究[D].黑龙江大学,2019.

[26] 周琪.优化高校选调生就业服务工作机制与对策研究——以W大学为例[J].中国大学生就业,2018(19):34-40.

[27] 杜亚男,奚佳梦."双一流"背景下大学生选调生培育路径浅析[J].高校学生工作研究,2018(01):120-125.

[28] 张云飞.新时期高校选调生培养路径探索——以浙江大学生工食品学院为例[J].创新创业理论研究与实践,2019,2(03):135-136.

[29] 百分网.[DB/OL].http://www.oh100.com/ahsrst/a/201511/84446.html.

[30] 中博公考ZBG.[DB/OL].https://b23.tv/Ybfir7.

[31] 中公网校.[DB/OL].http://www.eoffcn.com.

[32] 百度文库.[DB/OL].https://wenku.baidu.com/view/7f6552a97c1cfad6195fa7e8.html.